EL IMPERIO DE LA STASI

última línea
de ensayo

Pablo Gea

EL IMPERIO DE LA STASI

última línea

Primera edición, octubre de 2025

© Última línea, S.L., 2025
Juan Cortés Cortés, 3
29010 Málaga
www.ultimalinea.es
editorial@ultimalinea.es

www.facebook.com/EditorialUltimaLinea

@EdUltimaLinea

ISBN: 978-84-18492-60-0
Depósito legal: MA 958-2025
THEMA: JPHX, JPFC, NHTZ

Impreso en España — Unión Europea

A mi amigo Armando.
Por su estima y lealtad incondicional

ÍNDICE

PRÓLOGO

SOBRE LA FUNCIÓN DE GARANTÍA DEMOCRÁTICA DEL DERECHO PENAL DEL ENEMIGO

Miguel Polaino Orts
Profesor de Derecho Penal
Universidad de Sevilla

«Al ser humano se le denomina persona en tanto que disfruta de ciertos derechos en la sociedad civil», rezaba el *Allgemeines Landrecht für die preußischen Staaten* (Derecho común prusiano), hace ya dos siglos largos, en 1794. Eso significa que el concepto de persona no es una noción ontológica sino normativa, cuyo significado se concreta recién en un determinado contexto social (esto es, en una relación interpersonal) y cuyo contenido se integra de un modo inequívocamente jurídico. De este planteamiento se infieren dos cuestiones fundamentales: una, la distinción entre 'ser humano' y 'persona' (evidenciada en la mencionada norma prusiana), o —lo que es lo mismo— entre 'hombre' y 'ciudadano' (por emplear la archiconocida dicotomía de la *Déclaration des droits de l'homme et du citoyen*, el fruto normativo más característico de la Revolución francesa, de 1789); de otro, que el tránsito de lo 'individual' a lo 'personal' —esto es, del 'estado de naturaleza' a la 'sociedad'— representa el proceso de maduración de todo Estado moderno, que deja de considerar al ser humano como un concepto natural para concebir a la persona como una institución jurídica, dotada de una capacidad propia para ocupar un status normativo y para albergar derechos y obligaciones (en forma de deberes negativos o deberes positivos).

Esta noción normativa y social de la institución 'persona' hunde sus raíces en épocas remotas, pero modernamente ha sido expresada por Hegel, quien sostenía en sus *Fundamentos de Filosofía del Derecho*, de 1820, que «el mandato jurídico básico es: [...] sé persona y respeta a los demás como personas» (§ 36). La configuración sinalagmática de la relación persona significa que un sujeto se comporta como persona en la medida en que disfruta ajustadamente sus derechos sin extralimitación alguna y cumple cabalmente sus obligaciones, esto es, en tanto en cuanto *respeta a los demás como yo mismo*, de suerte que el cumplimiento de su cometido como persona por parte de uno permite el mantenimiento incólume de su dignidad personal por parte de los demás. Persona es, en suma, quien por cumplir la norma permite que los demás disfruten sus derechos, o lo que es lo mismo: quien dignifica cotidianamente mediante su comportamiento personal la *elegancia social* del respeto a los demás. Y, sucede en la fórmula sacramental, si así lo hiciera, la sociedad se lo premia; y en caso contrario, la sociedad se lo demanda mediante ese proceso funcional de 'responsabilización' llamado imputación.

Pues bien, esta conceptuación normativo-social de la persona se predica tanto de la persona física como de la persona jurídica (antiguamente llamada 'moral', como si la persona física no pudiera serlo). Entre una y otra no existe una diferencia cualitativa sino cuantitativa: ambas, la persona física y la jurídica, son: a) titulares de derechos y deberes; b) destinatarias de normas jurídicas y c) centros de imputación. Esto es, no existe diferencia jurídica alguna entre la persona física y la persona jurídica sino únicamente una diversa intensidad del grado o del número de derechos y de obligaciones que definen su estatus jurídico. Pero eso sucede también, pongamos por caso, entre un menor de edad y un adulto, cuyo diferente reconocimiento normativo depende del grado de implicación del sujeto en el entramado social (un menor de edad no dispone del derecho al sufragio, pero tampoco del deber de responder por un delito electoral) pero no por ello deja de ser persona. En suma, tanto la persona física como la jurídica son 'personas en Derecho', para utilizar una expresión grata para la lengua alemana (*Rechsperson*), que —en tanto tales— han de disfrutar sus derechos y cumplir sus obligaciones, y han de posibilitar sinalagmáticamente que los demás (personas físicas y personas jurídicas) puedan disfrutar de su personalidad en condiciones tranquilas de normalidad.

Particularmente interesante es la aplicación de este esquema personal al concepto de Estado. La institución del Estado puede definirse desde diferentes puntos de vista (objetivos, subjetivos, orgánicos u organicistas), para aludir al propio país soberano, al titular de los poderes que lo definen o al conjunto de órganos que se incardina su estructura administrativa y política. Con todo, esas tres perspectivas no agotan la definición del Estado ni su caracterización en sentido no sólo constitucional sino también penal. Lo que verdaderamente define al Estado desde la óptica jurídica no son las actividades funcionales ni administrativas, ni tampoco el complejo orgánico institucional, ni siquiera el conjunto de poderes que definen su soberanía, sino sobre todo la consideración de que nos encontramos ante una persona jurídica, dotada, por tanto, de una personalidad jurídica propia, autónoma y diferenciable de la de cada una de las personas físicas que pudieran intervenir en ella. El Estado, pues, como la persona física y como las restantes personas jurídicas, disfruta de derechos, tiene obligaciones, es destinatario de normas jurídicas y, llegado el caso, es centro de imputación penal.

Hace ahora 40 años, en 1985, un extraordinario penalista y filósofo, mi maestro alemán Günther Jakobs (el más grande pensador, junto al recientemente fallecido Claus Roxin, dentro del Derecho penal del último siglo y probablemente de todos los siglos), acuñó el concepto «Derecho penal del enemigo» (*Feinds-*

trafrecht), por oposición al de «Derecho penal del ciudadano» (*Bürgerstrafrecht*) para aludir a aquellos supuestos en los que el Estado ha de combatir de manera especialmente asegurativa a delincuentes particularmente peligrosos, para los que las medidas usuales de tratamiento no resultan adecuadas, proporcionales ni convenientes. Pronto, una legión de críticos, superficiales y suspicaces en su amplia mayoría, cuestionaron el concepto, lo identificaron con propuestas autoritarias y rechazaron de plano su capacidad de debate crítico, y lo que es peor, sin darse cuenta (pobre de ellos) que los Estados democráticos de Derecho contienen normas de Derecho penal del enemigo (en materia de terrorismo, delincuencia organizada o 'violencia de género') cuyo alcance, limitación y control estricto debiera ser especialmente analizado. Rechazando de plano el concepto (con argumentos del estilo el Derecho penal del enemigo 'es incompatible' con el Estado de Derecho), sin abordar seriamente la cuestión, propiciaron, paradójicamente, que esas normas de Derecho penal del enemigo *campasen a sus anchas* y *se expandieran* de manera a veces excesiva, desconociendo la extraordinaria contribución que Jakobs y la escuela funcionalista (yo, modestamente, entre ella) había realizado en favor de la restricción garantista del Derecho penal del enemigo dentro del Estado de Derecho.

Todo Estado es una persona jurídica pero el planteamiento difiere, como es lógico colegir, si nos hallamos en una democracia o en una dictadura. En las primeras control de constitucionalidad de los actos personales está regido por sistema estricto y taxativo de sometimiento a la ley y, finalmente, a un órgano jurisdiccional que determinará si tal o cual comportamiento respeta o contraría derechos o normas básicas del Estado de Derecho. Por el contrario, en las dictaduras todo el entramado normativo del Estado está *teñido* de ilegitimidad, porque las normas no son el espejo que reflejan las expectativas de la Sociedad ni cristalizan los derechos de los ciudadanos, sino que, por el contrario, son un instrumento en mano del dictado que manipula la imagen del Estado a su imagen y semejanza. Precisamente por ello, el planteamiento en torno al 'Derecho penal del enemigo' única-mente tiene sentido en las democracias porque es en ellas donde hay que delimitar, separando el grano de la paja, qué normas (de Derecho penal del ciudadano o de Derecho penal del enemigo) contribuyen a la estabilidad del Estado y al respeto de los dere-chos fundamentales y cuáles otras resultad excesivas o contra-producentes. En los regímenes autoritarios todas las normas son ilegítimas, y en los democráticos las normas (de Derecho penal del enemigo o no) aprobadas por los parlamentos son legítimas hasta que el Tribunal Constitucional demuestre lo contrario.

Un sugerente análisis puede hacerse en nuestros Estados de la actualidad, en los que un somero vistazo del Código penal o leyes especiales demuestra la existencia de varias normas que comba-ten con un plus de aseguramiento jurídico el plus de peligrosidad que evidencian algunos delincuentes peligrosos con sus delitos (lo que llamo «Derecho penal de núcleo duro», con figuras como los delitos de organización, los tipos de posesión o determinadas me-didas de seguridad, como el alejamiento del sujeto peligroso). Pero una veta también sugerente en extremo nos ofrece la aplicación del esquema en perspectiva histórica, donde la *relectio* de figuras históricas con las lentes de construcciones recientes nos permite extraer conclusiones novedosas, controvertidas y originales.

Es lo que hace mi querido amigo y compañero Pablo Gea Congosto en la presente publicación, donde somete a una re-visión atrevida las bases filosóficas y sociales de la República Democrática Alemana (la antigua DDR), desmitificando plan-teamientos que se daban por irrebatibles u ofreciendo una nue-va perspectiva que incita, cuanto menos, al debate. Interesado especialmente por cuestiones históricas, Gea ha querido abordar en este texto los designios penales de la Alemania del Este, desde sus fundamentos filosóficos marxista hasta la configuración de un Estado policial de represión del ciudadano, como antes había lle-vado a cabo otras publicaciones en las que abordaba la doctrina penal del nacionalsocialismo o el 'buenismo criminal', entre otras políticas perfumadas con aroma de martirio entre el terror y el genocidio, el autoritarismo y la arbitrariedad.

No puede negarse la originalidad de su planteamiento, su propósito eminentemente didáctico, su estilo particularmente envolvente, quizá más cercano al divulgativo que al rígido estilo universitario. Ni tampoco el empeño del letrado Gea Congosto en ofrecernos una lente sugerente y novedosa con la que analizar trágicos episodios históricos architratados desde otras perspectivas, por la historiografía especializada. Por ello, su aporte ya resulta de subido interés no sólo histórico sino también jurídico-penal.

Conocí al autor de esta monografía en las aulas de la Universidad de Sevilla, donde cursaba un Master después de desarrollar sus estudios en la vecina Universidad de Huelva. Su semblante serio y reflexivo, su tendencia a la precisión expositiva, su interés por el rigor del dato y del hecho eran —ya entonces— características que el joven estudiante Pablo Gea imprimía a sus intervenciones y a sus primeros trabajos de investigación. Bajo la dirección de mi querida amiga y compañera la Profª. Drª. Carmen Gómez Rivero, Directora entonces del Departamento de Derecho Penal y Ciencias Criminales de la Universidad de Sevilla, redactó Pablo Gea Congosto su Trabajo de Fin de Master, que defendió valiente y brillantemente ante una comisión presidida por quien subscribe. En ese trabajo iniciático ya apuntaba muchas de las líneas de investigación que luego ha ido desarrollando en varias publicaciones monográficas, como la presente. Luego, su interés en realizar una tesis doctoral en materia predominantemente histórica, le apartó de la Facultad de Derecho y le aproximó a la de Geografía e Historia, que le ofrece la oportunidad de bucear en la genealogía de los conceptos jurídicos y en los históricos bordes democráticos de los Estados. En la actualidad, Pablo Gea compagina la realización de su tesis doctoral, con la redacción de textos histórico-jurídicos como el presente, además de otras muchas actividades deportivas y profesionales en que divide su variada personalidad.

No sé de dónde saca tiempo el querido amigo Pablo Gea para deleitarnos frecuentemente con sus publicaciones, sin robarle tiempo a su acreditado bufete de abogados, donde —junto a otros admirados profesionales, como Armando Reinoso, otro antiguo alumno y querido compañero y doctorando— también destaca como brillante penalista. Al final de las investigaciones históricas de Pablo Gea Congosto, donde desmitifica conceptos y relativiza dogmas, puede concluirse que el concepto de Derecho penal del enemigo no es lo que los críticos pretenden que sea sino un instrumento del que se valen (todos, todos) los Estados de Derecho para mantener los derechos del Estado y los derechos del ciudadano que el Estado tiene la obligación que proteger. Un instrumento que debe ser limitado a casos excepcionales de delincuentes peligrosos, ciertamente, pero que responde a un criterio impecablemente democrático, a saber: neutralizar con un especial aseguramiento normativo la especial peligrosidad que manifiestan delincuentes agresivos, y todo ello en la estricta medida de posibilitar la incolumidad de los derechos fundamentales. Por ello, el Derecho penal del enemigo —entendido en este sentido limitado, controlado, funcionalista— es una garantía del Estado de Derecho, sin cuya presencia no sólo se quebrarían los principios constitucionales básicos (como el principio de proporcionalidad) sino que el Estado de Derecho se iría a pique. Gracias a obras, como ésta de Pablo Gea, la confusión entorno al Derecho penal del enemigo es menos justificable, en perspectiva histórica y en el momento presente, que lo lamentable se acostumbra. Querido Pablo Gea, buena andadura, muchas gracias, adelante.

I

INTRODUCCIÓN

La historia de Alemania es la historia de Europa durante el siglo XX. En ella se ha dado cita lo mejor y lo peor que puede dar el Hombre. Y, aun así, a pesar de su extensión, tan sólo algunos aspectos han sido realmente investigados con ahínco. Sin ir más lejos, el Tercer Reich ocupa volúmenes y volúmenes en las bibliotecas de los investigadores. Páginas dedicadas a sus líderes, a sus verdugos o a sus víctimas. Páginas dedicadas también a sus políticas de asesinato en masa, exterminio y genocidio. Páginas dedicadas a su Derecho y a los juristas que colaboraron con él. A ello hemos dedicado también una modesta aportación, *El Estado del Führer. Derecho Penal Nacionalsocialista Alemán,* en el curso de la cual analizábamos la ideología y el funcionamiento de la Alemania Nacionalsocialista como paso previo para embarcarnos en el estudio de las bases del Ordenamiento Jurídico de la dictadura de Hitler y, finalmente, de su Derecho Penal y Procesal-Penal. Aunque este trabajó resultó plenamente satisfactorio, no podía quedar completo, no podía generar un entendimiento global y certero de las consecuencias provocadas por un Derecho Penal dedicado, en definitiva, a eliminar a grupos enteros de personas y a apuntalar el poder de una élite gobernante, si no se analizaba también qué ocurrió después.

En el imaginario popular nadie desconoce qué es *Auschwitz* y lo que significa. Pero pocos sabrán identificar correctamente qué se esconde tras la palabra *Hohenschönhausen.* Para un observador despistado comprenderá tan sólo un barrio situado en la ciudad de Berlín. Pero para alguien que decida escarbar un poco más le evocará un significado mucho más sinestro. *Hohenschön-hausen* fue el centro de detención principal de la *Stasi*, la policía política de la dictadura comunista de la República Democrática Alemana (RDA). En esta prisión, rodeada de un macabro halo de fascinación, donde durante todo el período de la Guerra Fría se encarceló, interrogó, torturó y asesinó a quienes se suponía opositores políticos al régimen, hoy se erige un memorial[1]. Metáfora de la tragedia para un pueblo que tuvo que vivir el trauma de pasar de una dictadura a otra. Como bien señala Anne Applebaum en *Gulag. historia de los campos de concentración soviéticos*, los campos de Stalin se expandían a la vez que los de Hitler eran desmantelados[2].

Si en el caso del Tercer Reich pocas son las obras que abordan su producción jurídica, en el caso de la RDA es mucho peor. Si ya de por sí constituye un régimen jurídico-político poco estudiado, su Derecho lo es aún menos. Lo cual resulta sorprendente para el investigador, por cuanto que en la RDA se dieron cita al menos dos tradiciones jurídicas, la alemana y la rusa. Con la peculiaridad de que la primera incluyó aspectos del Derecho Nacionalsocialista que se mantuvieron más allá de la desaparición de la dictadura de Hitler, a la vez que convivió con otros aspectos de la tradición jurídica germana ajenos a la producción jurídica nacionalsocialista. Junto a esto, la tradición jurídica rusa se vio envuelta por los aspectos del Derecho Comunista plenamente vigentes en el momento de la creación de la RDA y que se trasplantaron con éxito a su Ordenamiento Jurídico. Ordenamiento Jurídico especialmente diseñado para sostener el que posiblemente haya sido el exponente más completo de un Estado Totalitario que haya existido jamás hasta ahora, pilotado por unos dirigentes comunistas tan decididos a llevar a cabo su revolución como los nacionalsocialistas.

---

1   FUNDER, A; *Stasiland. historias tras el Muro de Berlín,* Barcelona, 2019, pp. 265-77.

2   APPLEBAUM, A; *Gulag. historia de los campos de concentración soviéticos,* Barcelona, 2004, p. 27.

En vista de ello, y siguiendo la estructura expositiva que con éxito se siguió en el estudio anterior, en el presente análisis se opta por un examen pormenorizado de los aspectos esenciales de la filosofía marxista que son determinantes para comprender su concepción del Derecho. Ello se antoja imprescindible para entender lo que vendrá después, en tanto que la visión jurídica marxista difiere notablemente de los cánones y categorías que actualmente se tienen asumidos en la ciencia jurídica que se desarrolla en las democracias parlamentarias. Se sigue con una profundización del funcionamiento de la República Democrática Alemana como sistema político y jurídico, marco necesario sobre el que se ha de apoyar la delimitación de las bases y principios del Derecho Penal que vertebran la producción jurídica de un Estado Totalitario como es la dictadura del Partido Socialista Unificado de Alemania (SED). Paso previo —como los es igualmente evaluar los aspectos jurídicos nacionalsocialistas que se heredan— para ahondar en cómo se configuran estos principios en los contornos principales del Derecho Penal. Ello incluye una muy ilustrativa comparación con el Derecho en la República Federal de Alemania (RFA), la cual se estima necesaria para comprender mejor las características penales de la RDA, en un Estado que, por lo demás, dota de una importancia extraordinaria al funcionamiento de la Administración Pública y de la burocracia, que no así del Derecho, como se verá.

Una semejanza que se puede detectar a través de un vistazo somero entre la realidad jurídica del Tercer Reich y de la RDA es que, en ambos sistemas, las categorías jurídicas tradicionales son atacadas sistemáticamente. Los principios garantistas y la legislación formal no tienen cabida en el seno de unos sistemas que optan preferentemente por las «vías de hecho» para imponer su voluntad, someter a los ciudadanos y funcionar orgánicamente. Su Derecho es un No-Derecho, una suerte de revestimiento formal y disponible por la autoridad política en pos de la consecución de sus respectivas utopías sociales. Esto se pone de manifiesto con la confrontación que se efectúa al final de este estudio entre el

Derecho Penal Totalitario en la RDA y las normas de Derecho Penal del Enemigo en la RFA. Así, al entendimiento de cómo -en contra de lo que se suele asumir habitualmente- los presupuestos de la ideología marxista, lejos de ser distorsionados, se ponen en práctica milimétricamente en la RDA a través de su imposición en Alemania del Este por la Unión Soviética (URSS), así como de qué manera los mismos se trasladan al Derecho Penal en este país, se consagra esta obra.

II

MARXISMO Y ESTADO TOTALITARIO

1. Bases filosóficas de la Teoría jurídico-política marxista

Cuando el 8 de mayo de 1945 Alemania se rinde incondicionalmente ante las potencias Aliadas —incluyendo a la Unión de Repúblicas Socialistas Soviéticas (URSS)—, todo el edificio político-jurídico de lo que había sido el Tercer Reich alemán se desmorona como un castillo de naipes. A partir de este momento, Alemania desparece como Estado soberano y su territorio pasa a ser administrado por las principales potencias ocupantes: la Unión Soviética, los Estados Unidos de América, el Reino Unido y Francia. Ya durante las Conferencias de Teherán y Yalta, en los años 1943 y 1945 respectivamente, se había tomado la decisión de dividir al país vencido en diferentes zonas de ocupación[3]. Quedaba por concretar la manera en que esta ocupación tendría lugar. La conclusión de las acciones puramente bélicas arroja un panorama absolutamente desolador tanto en Alemania como en el resto de Europa. Los siguientes años abren un período caracterizado por la reordenación de las fronteras políticas en el continente que, en el caso de Europa Central y Oriental, alcanza una envergadura verdaderamente notable, condicionada por las po-

---

3 FULBROOK, M; *historia de Alemania,* Cambridge, 1995, pp. 285 y ss.

líticas de control y posterior satelización de estos territorios por Stalin, ahora ocupados por el Ejército Rojo y encuadrados por las políticas «de clase» ejecutadas por el *NKVD* (*Naródny Komissariat Vnútrennij Del*, Comisariado del Pueblo para Asuntos Internos), la policía política del régimen comunista soviético[4].

En este contexto, se produce el desplazamiento de la población europea centro-oriental como consecuencia de las políticas de limpieza étnica conducentes a la creación de naciones étnico-culturalmente homogéneas implementada por la Unión Soviética y acordada con el resto de los Aliados. Ello incluye a millones de alemanes residentes en el territorio que ahora forma parte de otros Estados, como Checoslovaquia y Polonia. Este último país se anexiona los territorios alemanes al Este de la línea Oder-Neisse, en compensación a su vez por el mantenimiento por parte de los soviéticos de los territorios polacos del Este que fueron ocupados en virtud del Pacto Germano-Soviético de agosto de 1939. El resultado es el desplazamiento y la deportación de millones de alemanes residentes en este espacio, que ahora deben agolparse precariamente en los territorios que las potencias ocupantes han decidido que permanezcan dentro de un futuro Estado Alemán de naturaleza incierta[5]. A estos sucesos no fueron ajenas las violaciones de mujeres alemanas (y de otras nacionalidades como Polonia, Hungría o Yugoslavia, incluyendo reclusas esqueléticas procedentes de campos de concentración y de exterminio) por soldados del Ejército Rojo. En lo que ha sido el acto de violencia de mayor envergadura dirigido contra *la mujer* como ser humano y como grupo, millones de mujeres fueron violadas y asesinadas[6].

---

4 Excede de los contornos de esta obra el examen de esta cuestión. Para un estudio de las políticas de ocupación soviéticas en Europa del Este, véase APPLEBAUM, A; *El Telón de Acero. La destrucción de Europa del Este 1944-1956*, Barcelona, 2017, y LOWE, K; *Continente salvaje. Europa después de la Segunda Guerra Mundial*, Barcelona, 2015.

5 SNYDER, T; *Tierras de sangre. Europa entre Hitler y Stalin,* Barcelona, 2012, pp. 371-99.

6 El procedimiento seguido por el Ejército Rojo era relativamente sencillo: violaban a las mujeres y apresaban a los hombres, cuando no había matanzas

Si bien en un primer momento se barajó la ruralización y desmembración de Alemania, en la Conferencia de Postdam del año 1945, una vez derrotado el régimen de Hitler, se forjaron unos acuerdos que, aunque inconcretos, constituyeron la base jurídica para un régimen de ocupación proyectado para dar un tratamiento unitario a la Alemania vencida. No obstante, y pese a los anunciados propósitos de «democratización», las discrepancias entre los ocupantes ahondaron en la consolidación de la administración cuatripartita. Conforme los objetivos de las potencias ocupantes se fueron clarificando, las diferencias entre los sectores alemanes controlados por los Aliados Occidentales (Estados Unidos, Reino Unido y Francia) y la Unión Soviética fueron cristalizando. Más allá de que las discrepancias prácticas en torno a las reparaciones de guerra y en el castigo que había que dar a los derrotados —a lo que no fue ajena una política de desnazificación de resultado dispar en cada zona, incompleta en muchos casos— fueran importantes, el auténtico punto de inflexión, la verdadera razón que impidió que quienes se habían concertado para derrotar militarmente a las potencias del Eje pudieran elaborar una política global conjunta sobre la Alemania de posguerra fue la contrapuesta concepción de «Democracia» que ambos manejaban[7].

Desde el primer momento, los comunistas soviéticos exportan por toda la Europa del Este ocupada los principios de la

---

de por medio. Cuando el comunista yugoslavo Milovan Djilas protestó ante Stalin por este comportamiento, el dirigente soviético respondió: *«Usted ha leído, por supuesto, a Dostoyevsky. ¿Sabe lo complicada que es el alma humana, la psicología humana? Pues bien, imagínese a un hombre que ha luchado desde Stalingrado a Berlín, más de mil kilómetros a través de su propia tierra devastada, sobre los cuerpos sin vida de sus camaradas y sus seres queridos. ¿Y qué tiene de malo divertirse un poco con una mujer después de tantos horrores? Usted se imagina que el Ejército Rojo es una fuerza modélica. Y no lo es, no puede serlo. Los importante es que luche contra los alemanes».* LOZANO, A; *Stalin, el tirano rojo,* Madrid, 2012, p. 370.

7   DÍEZ ESPINOSA, J. R, y MARTÍN DE LA GUARDIA. M. R; *historia Contemporánea de Alemania (1945-1995),* Madrid, 2011, pp. 26-35.

filosofía marxista que nutría el Estado de Partido Único edificado en lo que hasta 1917 había sido el Imperio Ruso. No es la función de este estudio efectuar un desarrollo explicativo de todos los contornos de la Teoría Marxista. Razón por la cual nos centraremos en aquellos aspectos jurídicamente relevantes que permitan entender cómo esta visión conceptual del mundo tomó forma de manera que pudo trasladarse al sistema jurídico, político y económico de lo que posteriormente se conoció como la RDA (República Democrática Alemana), el Estado de corte comunista soviético que germina en lo que desde 1945 es la zona de ocupación soviética en Alemania. Es preciso retener una noción fundamental: el propósito primero y último del marxismo es la consecución de un *Individuo total* (*totalem Individuen*), el *ser colectivo* (*Gemeinwesen*), la última etapa del ser humano, el *ser-especie* (*Gatungswesen*). Así lo expresa Karl Marx en *Sobre «La cuestión judía»*, cuando expone su visión de la «libertad» en el sentido roussoniano de renuncia al «yo» en pos de la afirmación del «común»[8].

Pues es Jean Jacques Rousseau quien concibe la *sociedad ideal* reflejando la visión de la *virtud espartana* de comunidad uniforme y disciplinada, donde el individuo se entrega por completo a dicha comunidad disolviéndose a sí mismo dentro de la colectividad[9]. O, lo que es lo mismo, la *Libertad de los Antiguos*, en contraposición a la *Libertad de los Modernos*, ejemplificada en el choque dialéctico y metafísico entre las concepciones del mundo personificadas por *Atenas* y *Esparta*, la *Revolución Americana* y la *Revolución Francesa*[10], las *Revoluciones Liberales* y las *Revo-*

---

8   MARX, K; *Páginas malditas. Sobre La cuestión judía y otros textos,* Buenos Aires, 2012, pp. 13 y ss.

9   PRIESTLAND, D, Bandera Roja. historia política y cultural del Comunismo, Barcelona, 2020, pp. 27-29.

10   Con matices: La Revolución Francesa de 1789 sí refleja el impulso -con sus limitaciones doctrinarias- de Atenas, mientras que la Revolución Francesa de 1793 o Revolución Jacobina encarna decidida y explícitamente el espíritu de Esparta, extrayendo de la filosofía del filósofo ginebrino un mapa de carreteras que la dictadura terrorista encabezada por Maximiliem Robespierre se empecinó

luciones Socialistas. En *El Contrato Social* desarrolla Rousseau este planteamiento: si la «verdad comunitaria» se plantea como un Dogma de Fe, la negación del sujeto a aceptarla y, por lo tanto, a someterse al colectivo disciplinador, entraña a su vez una *negación del deber*. Puesto que la vida en sí misma y como tal concebida no es *disfrute del individuo* sino *asunción del deber moral colectivo*. El «Hombre Moral» se superpone sobre el «Hombre Individual». La Libertad, en consecuencia, es identificada tanto por Rousseau como por los Jacobinos como repudio por parte del ciudadano de los placeres individuales y hedonistas que le esclavizan, abrazando un orden de libertad más elevado caracterizado por la austeridad, el sacrificio, la solidaridad, el comunitarismo y la disciplina. Tan sólo cuando el individuo se ha despersonalizado a sí mismo y ha asumido la identidad del colectivo es auténticamente libre[11]. La consecuencia es clara: el colectivo, el pueblo, debe obligar al individuo a someterse a la lógica comunitaria, pues no es otra cosa que «obligarle a ser libre»; de lo contrario, dicho sujeto pasa a convertirse en un cuerpo extraño a la sociedad, algo dañino que hay que extirpar, un «enemigo moral» al que hay que condenar a muerte o desterrar[12].

Esta es la base de la filosofía marxista, que el mismo Marx no trata de ocultar. Para él, los derechos adquiridos en las «sociedades burguesas», articuladas en las constituciones, los códigos, los parlamentos o los partidos políticos, no son más que los derechos del *hombre egoísta*. Derechos que le separan del colectivo y que le impiden realmente disolverse en la colectividad totalizadora para alcanzar la *emancipación real*. Esta adquisición de derechos en una sociedad que se basa en el Derecho Privado no constituye

---

en implementar a sangre y fuego. Así lo expuso el propio Robespierre: *«Nadie nos ha dado una idea más justa del pueblo que Rousseau, porque nadie le ha amado más».* CASTRO, D; *Robespierre. La virtud del monstruo,* Madrid, 2011, p. 146.

11   ROUSSEAU, J. J; *El Contrato Social,* Madrid, 1981, pp. 61-62, 65, 144-145 y 173.

12   GEA CONGOSTO, P; *El Estado del Führer. Derecho Penal nacional-socialista alemán*, Málaga, 2024, pp. 100-102.

más que una emancipación anclada en un espejismo. Así, su oposición a los Derechos Humanos queda patente en base al razonamiento precedente, pues *«los llamados derechos humanos, los droits de l´homme, no son otra cosa que los derechos del miembro de la sociedad, es decir, del hombre egoísta, separado del hombre y de la comunidad»*[13]. Dedica, pues, un análisis a cada una de los tres grandes derechos sobre los que descansan las revoluciones liberales:

Libertad: *«la libertad es el derecho a hacer y deshacer lo que no perjudique a otro. Los límites, en los que cada uno puede moverse sin perjudicar a otro, se hallan determinados por la ley, lo mismo que la linde entre dos campos por la cerca. Se trata de la libertad del hombre en cuanto mónada aislada y replegada en sí misma»*[14]. Y añade: *«Pero el derecho humano de la libertad no se basa en la vinculación entre los hombres sino al contrario en su aislamiento. Es el derecho de este aislamiento, el derecho del individuo restringido, circunscrito a sí mismo. La aplicación práctica del derecho humano de la libertad es el derecho humano de la propiedad privada»*[15], el cual es conceptualizado a su vez como *«el derecho a disfrutar y disponer de los propios bienes a su antojo, prescindiendo de los otros hombres, independientemente de la sociedad; es el derecho del egoísmo»*[16].

Igualdad: *«aquí en su significado apolítico, se reduce a la igualdad de la liberté que acabamos de describir, a saber: todos los hombres en cuanto tales son vistos por igual como mónadas independientes»*[17].

---

13   MARX, K; *op. cit*, p. 31.

14   *Ibíd.*

15   *Ibíd*, p. 32.

16   *Ibíd.*

17   *Ibíd.*

Seguridad (identificada con la «Fraternidad»): *«es el supremo concepto social de la sociedad burguesa, el concepto del orden público: la razón de existir de toda la sociedad es garantizar a cada uno de sus miembros la conservación de su persona, de sus derechos y de su propiedad»*. Por lo tanto, la idea de seguridad ´no saca a la sociedad burguesa de su egoísmo, al contrario: la seguridad es la garantía de su egoísmo»[18].

La conclusión de Marx, como la de Rousseau, es igualmente paladina: *«Ninguno de los llamados derechos humanos va, por tanto, más allá del hombre egoísta, del hombre como miembro de la sociedad burguesa, es decir, del individuo replegado sobre sí mismo, su interés privado y su arbitrio privado, y disociado de la comunidad. Lejos de concebir al hombre como un ser a nivel de especie, los derechos humanos presentan la misma vida de la especie, la sociedad como un marco externo a los individuos, como una restricción de su independencia originaria. El único vínculo que los mantiene unidos es la necesidad natural, apetencias e intereses privados, la conservación de su propiedad y de su persona egoísta»*[19]. En coherencia con ello, la «emancipación auténtica» tendrá lugar cuando el hombre se desprenda de todo aquello que le separa de los otros hombres, es decir, de la colectividad, pues sólo *«cuando el hombre real, individual, reabsorba en sí mismo al abstracto ciudadano y, como hombre individual, exista a nivel de especie en su vida empírica, en su trabajo individual, en sus relaciones individuales; sólo cuando, habiendo reconocido y organizado sus 'fuerzas propias' como fuerzas sociales, ya no separe de sí la fuerza social en forma de fuerza política; sólo entonces, se habrá cumplido la emancipación humana»*[20].

El antisemitismo cultural de la ideología marxista, un aspecto tan desconocido como deliberadamente ocultado, forma parte de los elementos indispensables de todo su cuerpo doctrinal, de

---

18   *Ibíd,* p. 33.

19   *Ibíd*.

20   *Ibíd,* p. 37.

una forma no muy diferente al antisemitismo nacionalsocialista, si bien con diferentes consecuencias prácticas. No en vano, ambas cosmovisiones se posicionaron frente el judaísmo como portador del *Mal Absoluto*, la mentalidad individualista y egoísta, germen del Capitalismo y de la economía de mercado, así como de su manifestación más perversa: la Propiedad Privada y el Dinero[21]. Se pregunta Marx: *«¿Cuál es la base profana del judaísmo? Las necesidades prácticas, sus intereses egoístas. ¿Cuál es el culto profano del judío? El tráfico sórdido (el regateo). ¿Cuál es su Dios profano? El dinero. Bueno, pues la emancipación del tráfico sórdido y del dinero, o sea del judaísmo práctico, real, será la emancipación inmanente propia de nuestro tiempo»*[22]. Para más adelante añadir: *«Reconocemos entonces en el judaísmo un elemento antisocial de carácter universal, que ha alcanzado su apogeo por un proceso histórico, al que los judíos han colaborado con todo su empeño en el mal sentido indicado, llegando a tal nivel en la actualidad que tiende a su necesaria disolución. La emancipación del judío es, en* última instancia, *la emancipación de la humanidad frente al judaísmo»*[23]. El judaísmo es percibido por Marx como una suerte de «enfermedad» consustancial a la existencia de la sociedad burguesa[24], dado que aquél *«no se ha mantenido a pesar*

---

21   GEA CONGOSTO, P; *op. cit,* pp. 10-2.

22   MARX, K; *op. cit,* p. 40.

23   *Ibid,* p. 40.

24   Esta concepción no difiere sustancialmente de la que posteriormente sostuvieron los nacionalsocialistas. Debe recordarse que el antisemitismo hitleriano es fundamentalmente cultural antes que racial, si bien el aspecto racial emergería con posterioridad como una derivación, aunque sin renunciar a su sustrato cultural. En este sentido, véase WEBER, T; *De Adolf a Hitler,* Barcelona, 2018. El mismo Hitler se expresó en este sentido: *«Nosotros hablamos de raza judía por comodidad del lenguaje, ya que no existe, en sentido propio y desde un punto de vista genético, una raza judía. [...] La raza hebrea es ante todo una raza interior».* PELLICANI, L; *Lenin y Hitler. Los dos rostros del totalitarismo,* Madrid, 2011, pp. 108-9. Esta coincidencia es señalada también por AGUILAR BLANC, C; *Los orígenes iusnaturalistas de la filosofía jurídica nacionalsocialista en la obra política de Adolf Hitler y Alfred Rosenberg* en *Revista Internacional de Pensamiento Político - I Época - Vol. 8 - 2013 - [187-210] - ISSN 1885-589X,* pp. 192-6.

de la historia sino gracias a ella. La sociedad burguesa engendra constantemente en sus propias entrañas el judaísmo»[25]; una sociedad que construye la Ley y el Derecho como un revestimiento del egoísmo individualista que impide la «emancipación efectiva» de la humanidad en tanto que la *«ley sin pies ni cabeza del judío no es más que la caricatura religiosa de la moralidad y del derecho en general que no tienen ni pies ni cabeza; (la caricatura) de los ritos meramente formales con que se rodea el mundo del egoísmo. También aquí la relación suprema del hombre es la relación legal, la relación con leyes que no le afectan por ser las leyes de su propia voluntad y ser, sino porque dominan y porque su venganza recae sobre quien reniega de ellas»*[26].

En fin: *«Tan pronto como la sociedad logre superar la realidad empírica del judaísmo, el tráfico sórdido y sus presupuestos, el judío se habrá hecho imposible; su conciencia habrá perdido su objeto, la base subjetiva del judaísmo —las necesidades prácticas— se habrá humanizado, el conflicto de la existencia sensible, individual del hombre con su existencia a nivel de especie, se hallará superado»*[27]. Lo cual sólo es posible por medio de la revolución desatada contra la «clase dominante» con el propósito de hundirla. La revolución de la clase aspirante a dominar —el Proletariado— contra la clase dominante —la Burguesía— supondrá, tal y como se esboza en el *Manifiesto del Partido Comunista* por Marx y Engels, *«la ruptura más radical con las relaciones de propiedad tradicionales»*[28], objetivo que sólo puede ser alcanzado *«derrocando por la violencia todo el orden social existente»*[29]. Y es la violencia un requisito indispensable, por cuanto el propósito de concentrar todos los medios de producción en el Estado dominado por el Proletariado erigido, como se ha dicho, en clase dominante, *«no podrá cumplirse al principio más que por una violación despótica del derecho de propiedad y de las relaciones burguesas de producción»*[30].

La violencia no es tan sólo contemplada como algo contingente dentro del proceso revolucionario, sino como algo necesa-

---

25   *Ibíd,* p. 42.

26   *Ibíd,* p. 44.

27   *Ibíd,* p. 46.

28   MARX, K y ENGELS, F; *Manifiesto del Partido Comunista* en *Obras Escogidas, Tomo I,* Moscú, 1980, p. 63.

29   *Ibíd,* p. 69.

30   *Ibíd,* p. 63.

rio para la puesta en marcha de la *guerra revolucionaria*. Una guerra que no sólo se dirige contra la Burguesía como clase, sino también contra las naciones y grupos étnicos considerados como «contrarrevolucionarios». En palabras de Friedrich Engels, *«estos desechos de pueblos se convierten, y siguen siendo hasta su exterminio o desnaturalización, en él sostén más fanático de la contrarrevolución, ya que su existencia no es más que una protesta contra una gran revolución histórica»*[31]. Entiende la ideología marxista que, siendo el desarrollo del Capitalismo en la sociedad un requisito necesario para el advenimiento de la revolución que capitanearía el Proletariado, la existencia de naciones, pueblos y grupos étnicos atrasados dos etapas (esto es, no siendo aún capitalistas) supondría un problema que sólo puede ser solucionado por medio de una *guerra de exterminio* contra estos grupos. Al no poder conducírseles hacia el Socialismo, su único destino es el exterminio.

¿A qué grupos se refiere Engels cuando habla de *«desecho étnico»*?[32] En el mismo escrito, que trata el ciclo revolucionario de 1848, efectúa el pensador una división entre grupos. Así, los antagonistas *«se dividieron en dos grandes campos: por la revolución, los alemanes, polacos y magiares; por la contrarrevolución, los otros, los eslavos —con excepción de los polacos—, rumanos y sajones transilvanos»*[33] para, refiriéndose a los grupos étnicos de Austria, señalar que *«sólo tres han sido progresistas, han tenido un papel activo en la historia y mantienen todavía su vitalidad: los alemanes, los polacos y los magiares. Por eso son revolucionarios ahora. La misión principal de todas las otras razas y pueblos —grandes y pequeños— es perecer en el holocausto revolucionario. Por eso son contrarrevolucionarios».*[34] Más adelante afina más, al identificar concretamente con este «desecho étnico» que hay que

---

31   ENGELS, F; *Hungría y el Paneslavismo* en *Los nacionalismos contra el proletariado,* Barcelona, 2008, p. 55.

32   *Ibíd,* p. 55.

33   *Ibíd,* p. 50.

34   *Ibíd.*

exterminar a los gaélicos en Escocia, a los bretones en Francia, a los vascos en España y a los eslavos del sur en Austria, afirmando de estos últimos que *«todas las razas eslavas del sur se pusieron al servicio de la reacción austríaca»*[35]. Una guerra contra los pueblos «primitivos», en la que *«estas naciones menores, tercas, serán destruidas de manera que no quedará de ellas más que el nombre»*[36], conceptuada como una *«guerra mundial»* que *«hará desaparecer de la tierra no sólo clases y dinastías reaccionarias, sino también pueblos enteros reaccionarios. Y eso será también un adelanto»*[37].

La fusión entre la *ideología de clase* y la *ideología de raza* constituye una matriz dentro del pensamiento marxista. De hecho, que el «eslavismo», identificado con Rusia y otros pueblos considerados «contrarrevolucionarios», se superpone como un objetivo a batir junto con la «burguesía» es algo que los pensadores jamás niegan en ningún momento. Antes al contrario, la hostilidad explícita implica por su parte una explicación en detalle de su concepción de los pueblos eslavos, así como de los medios necesarios para librarse de ellos. En otro escrito, *Paneslavismo democrático,* enmarcado como el anterior dentro del análisis de las revoluciones de 1848, se expresa Engels en los siguientes términos: *la 'fraternidad europea de los pueblos' no surgirá de frases vacías y deseos piadosos, sino de revoluciones completas y luchas sangrientas; no se trata de la fraternidad de los pueblos europeos bajo una bandera republicana, sino de la alianza de los pueblos revolucionarios contra los contrarrevolucionarios, una alianza que no empezará en los papeles sino en los campos de batalla»*[38]. Sin ir más lejos, su concepción racista de los eslavos queda especialmente remarcada en el mismo pues, exceptuando a los polacos, los rusos y a los eslavos turcos, *«ningún pueblo eslavo tiene futuro, por la sencilla razón de que los otros eslavos carecen de los*

---

35   *Ibíd,* pp. 55-6.

36   *Ibíd,* p. 59.

37   *Ibíd.*

38   ENGELS, F; *Paneslavismo democrático* en *Los nacionalismos contra el proletariado,* Barcelona, 2008, p. 60.

prerrequisitos fundamentales, históricos, geográficos, políticos e industriales para la independencia y la vitalidad. Los pueblos que no han tenido nunca historia propia, que desde que llegaron a sus etapas de civilización primeras e imperfectas cayeron bajo la dominación extranjera, o que llegaron a las primeras etapas de civilización por el yugo extranjero, no tienen vitalidad; nunca conseguirán ninguna clase de independencia»[39].

La forma implacable y decidida de la que hay que desembarazarse de estos grupos es desmenuzada cuidadosamente por Engels, en tanto que *«la Revolución no permite poner condiciones. Se es revolucionario y se aceptan las consecuencias de la Revolución, las que fueren, o uno cae en los brazos de la contrarrevolución [...]»*[40]. Fuera de toda consideración está, pues, la piedad y la compasión: *«A los lemas sentimentales de hermandad que nos llegan en nombre de las naciones contrarrevolucionarias de Europa, contestamos que el odio a Rusia era y sigue siendo la primera pasión Revolucionaria de los alemanes; que desde la Revolución se le ha agregado el odio a los checos y croatas, y que nosotros, junto con los polacos y los magiares, afirmaremos la revolución, mediante el terror más decidido, contra los pueblos eslavos. Ahora sabemos dónde están concentrados los enemigos de la Revolución: en Rusia y en los países eslavos de Austria; y ni los lemas ni las promesas de un incierto futuro democrático nos impedirán tratar*

---

39   *Ibíd,* p. 65. Aún más explícito fue al dejar claro que *«cuando se trata de la existencia, de la libre evolución de todos los recursos de grandes naciones, las consideraciones sentimentales por unos pocos alemanes o eslavos dispersos no dicen nada»;* razón por la cual se negó a aceptar la existencia de un Estado checo en su actual territorio, Bohemia-Moravia, un peligro para los germanos cuya conjuración no dudó en saludar *«en agradecimiento a los alemanes por haberse tomado el trabajo de civilizar a los tercos checos y eslovenos, por haberles dado el comercio, la industria, los métodos agrícolas provechosos y la educación».* En cuanto a la conquista a los eslavos de la zona en el Norte de Alemania comprendida entre los ríos Elba y Warthe, señaló que *«hasta ahora no se ha puesto en duda que esta conquista fue para beneficio de la civilización». Ibíd,* pp. 66-8.

40   *Ibíd,* p. 77.

a nuestros enemigos como enemigos.»[41] La conclusión no da lugar a confusión: *«Entonces la guerra. 'Una pelea continua a muerte' con el eslavismo, que traiciona a la Revolución, una lucha de aniquilamiento y terrorismo sin piedad, no por Alemania sino por la Revolución»*[42].

El recurso a la «guerra revolucionaria» contra las naciones y pueblos considerados «contrarrevolucionarios» es algo que el cuerpo filosófico marxista prevé expresamente. Principalmente dirigida contra Rusia y otros pueblos eslavos. Así Engels en «El debate de Frankfurt sobre Polonia» aclaró: *«La guerra con Rusia sería romper verdadera, completa y públicamente con todo nuestro pasado vergonzoso, significaría la liberación verdadera y la unificación de Alemania, el restablecimiento de la democracia sobre las ruinas del feudalismo y del fugaz sueño de dominación de la burguesía. La guerra con Rusia sería la única manera de salvar nuestro honor e intereses respecto de nuestros vecinos eslavos y en especial de los polacos»*[43]. E insiste: *«Repetimos, que la única solución de conservar el honor de Alemania, los intereses de Alemania, era la guerra con Rusia»*[44]; lo cual, como se ha visto, no puede producir extrañeza por cuanto el arquitecto de la visión marxista del mundo se encarga de anunciar la actitud psicológica biológico-racial que subyace detrás de toda esta construcción teórica. Lo hace en *Nacionalismo, internacionalismo y la cuestión polaca*, una carta dirigida por Engels al socialista austríaco Karl Kautsky el 7 de febrero de 1882: *«Pueden preguntarme si no simpatizo para nada con los pequeños pueblos eslavos y restos de pueblos, partidos por las tres cuñas metidas en el cuerpo del eslavismo: los alemanes, magiares y turcos. En realidad, no me importan»*[45].

---

41   *Ibíd,* pp. 77-78.

42   *Ibíd,* p. 78.

43   ENGELS, F; «El debate de Frankfurt sobre Polonia» en *Los nacionalismos contra el proletariado,* Barcelona, 2008, p. 89.

44   *Ibíd.*

45   ENGELS, F; *Nacionalismo, internacionalismo y cuestión polaca* en *Los nacionalismos contra el proletariado,* Barcelona, 2008, p. 132.

No obstante, las concepciones racistas ya habían sido puestas de manifiesto por Marx en una carta dirigida precisamente a Engels en julio de 1852 al referirse al socialista alemán Ferdinand Lasalle como *«ese negro judío»*, describiéndolo en los siguientes términos: *«Está ahora claro que él, como lo comprueba la formación de su cráneo y su pelo, desciende de los negros de Egipto, asumiendo que su madre o su abuela no se cruzaran con ningún negro. Esa mezcla de judaísmo germano con negro debe producir un resultado peculiar. La impertinencia del tipo también es de negro»*[46].

La Revolución no se concibe como otra cosa que un proceso violento e inseparable del uso decidido del terror sobre los opositores, los grupos reaccionarios y las «clases opresoras». Pues es Engels en *De la autoridad* quien expresa: *«Una revolución es indudablemente, la cosa más autoritaria que existe; es el acto por medio del cual una parte de la población impone su voluntad a la otra parte por medio de fusiles, bayonetas y cañones, medios autoritarios si los hay; y el partido victorioso, si no quiere haber luchado en vano, tiene que mantener este dominio por medio del terror que sus armas inspiran a los reaccionarios. ¿La Comuna de París habría durado acaso un solo día, de no haber empleado esta autoridad del pueblo armado frente a los burgueses? ¿No podemos, por el contrario, reprocharle el no haberse servido lo bastante de ella?*[47] Como, por lo demás, dispone Marx en su *Discurso sobre Polonia,* la consigna es la siguiente: *«Batid a vuestros enemigos internos y podréis entonces estar orgullosamente conscientes de haber derrotado a toda la antigua sociedad»*[48]. La revolución lleva aparejada la instauración de *«la dictadura revolucionaria del proletariado»,* definida por Marx en *Crítica al Programa de Gotha* como el período de transformación que media entre la sociedad capitalista y la sociedad comunista, en la que se mantiene el *De-*

46   Cit. En ROJAS, M; *Lenin y el Totalitarismo,* Málaga, 2012, p. 54.

47   MARX, K y ENGELS, F; *De la autoridad* en *Obras escogidas, Tomo 2,* Moscú, 1980, p. 220.

48   MARX, K; *Discurso sobre Polonia* en *Los nacionalismos contra el proletariado,* Barcelona, 2008, p. 42.

recho burgués empleado por el Proletariado como un instrumento para imponer su dominio. Esto es, no como un instrumento de garantías jurídicas individuales y sociales, sino como un medio para imponer la Dictadura del Proletariado, eliminar a los grupos reaccionarios y clases opresoras, así como para alterar las relaciones de producción. Así, *«el derecho igual sigue siendo aquí, en principio, el derecho burgués»*[49] lógicamente dado que *«estos defectos son inevitables en la primera fase de la sociedad comunista, tal y como brota de la sociedad capitalista después de un largo y doloroso alumbramiento. El derecho no puede ser nunca superior a la estructura económica ni al desarrollo cultural de la sociedad por ella condicionado»*[50]. Este «Derecho burgués» sólo podrá ser superado cuando se haya llegado a la fase superior de la sociedad comunista, cuando ya no sea necesario para modificar las relaciones de producción y eliminar a los enemigos internos. Es decir, cuando ya no sea de utilidad para la construcción del Socialismo al haberse alcanzado plenamente la sociedad comunista, pues *«sólo entonces podrá rebasarse totalmente el estrecho horizonte del derecho burgués, y la sociedad podrá escribir en su bandera: ¡De cada cual, según su capacidad, a cada cual, según sus necesidades.*[51]

Será entonces cuando, habiendo desaparecido las diferencias de clase y habiéndose concentrado toda la producción en manos del Proletariado, el Poder Público se despojaría de su naturaleza política; es decir, el Poder Público dejaría de ser Poder Político. Porque este último *«es la violencia organizada de una clase para la opresión de otra. Si en la lucha contra la burguesía el proletariado se constituye indefectiblemente en clase; si mediante la revolución se convierte en clase dominante y, en cuanto clase dominante, suprime por la fuerza las viejas relaciones de producción, suprime, al mismo tiempo que estas relaciones de producción, las condiciones para la existencia del antagonismo de clase y de las*

49   MARX, K y ENGELS, F; *Crítica al Programa de Gotha* en *Obras Escogidas, Tomo 3,* Moscú, 1980, p. 5.

50   *Ibíd,* p. 6.

51   *Ibíd.*

clases en general, y, por tanto, su propia dominación de clase.»[52] Quiere esto decir que, mientras exista el *Derecho* y exista el *Estado,* existe la *dominación de clase.* Siendo esto así, el Proletariado, constituido ahora como clase dominante sobre las demás, conserva lo necesario del Derecho y del Estado burgueses para imponerse y transitar hacia la sociedad comunista, momento en el cual ya no serán necesarios.

Como expone Marx en su *Glosas críticas marginales al artículo: 'El Rey de Prusia y la reforma social. Por un prusiano': «La existencia del Estado y la existencia de la esclavitud son inseparables»*[53]. No se puede hablar, de esta manera, de libertades ni de derechos dentro de la existencia del Estado. Explica Engels en su *Carta a A. Bebel,* de marzo de 1875: *«Habría que abandonar toda esa charlatanería acerca del Estado, sobre todo después de la Comuna, que no era ya un Estado verdadero en el sentido de la palabra»* porque *«con la implantación del régimen social socialista, el Estado se disolverá por sí mismo (sich auflöst) y desaparecerá. Siendo el Estado una institución meramente transitoria, que se utiliza en la lucha, en la revolución, para someter por la violencia a los adversarios, es un absurdo hablar de Estado popular libre: mientras el proletariado necesite todavía del Estado no lo necesitará en interés de la libertad, sino para someter a sus adversarios, y tan pronto como pueda hablarse de libertad, el Estado como tal dejará de existir»*[54]. En el Socialismo, los derechos y libertades que emanan de la tradición inaugurada por la Revolución Francesa carecen de prédica, especialmente en lo que concierne a la igualdad: *«De un país a otro, de una región a otra, incluso de un lugar a otro, existirá siempre una cierta desigualdad en cuanto a las condiciones de vida, que podrá reducirse al mínimo, pero ja-*

---

52   MARX, K y ENGELS, F; *Manifiesto del Partido Comunista* en *Obras Escogidas, Tomo I,* Moscú, 1980, p. 64.

53   MARX, K; *Páginas malditas. Sobre La cuestión judía y otros textos,* Buenos Aires, 2012, p. 77.

54   MARX, K y ENGELS, F; *Carta a A. Bebel* en *Obras escogidas, Tomo 3,* Moscú, 1980, p. 14.

más suprimirse por completo. Los habitantes de los Alpes vivirán siempre en condiciones distintas que los habitantes del llano. La concepción de la sociedad socialista como el reino de igualdad, es una idea unilateral francesa, apoyada en el viejo lema de 'libertad, igualdad, fraternidad'; una concepción que tuvo su razón de ser como fase de desarrollo en su tiempo y en su lugar, pero que hoy debe ser superada [...]»[55].

El Estado, como se puede comprobar, es concebido exclusivamente como una vía para institucionalizar la *represión de clase* y asegurar la construcción del Socialismo, etapa de transición hacia la sociedad comunista. Al igual que el Derecho. Ello es así en tanto que el Estado existe aún, pero enfocado ahora en la tarea de eliminar a las clases opresoras y a los grupos reaccionarios, concentrando los medios de producción, alterando las relaciones económicas y afanándose en la creación del *Individuo Total* disuelto en la colectividad, que ya no se tiene a sí mismo y que no goza de derechos individuales que le separen del colectivo. Este es el lugar que el entramado jurídico ocupa dentro de la cosmovisión marxista. Los códigos, las constituciones, las leyes en definitiva, no son contemplados como un medio para garantizar las libertades y los derechos dentro de una sociedad plural y democrática, sino que, por el contrario, *tan sólo* como una noción puramente vehicular al servicio del desarrollo de la sociedad socialista. Sociedad que será edificada, a su vez, a través de un Estado socialista que empleará las leyes para construir un modelo dirigido a la consecución del *Ser-Especie*, del *Ser Colectivo* puesto que *«una revolución social se sitúa en el punto de vista de la totalidad porque es una protesta del hombre contra la vida deshumanizada, porque parte del punto de vista de cada individuo real, porque el ser colectivo del que el individuo se esfuerza en no permanecer separado es el verdadero ser colectivo del hombre, el ser humano»*[56].

---

55   *Ibíd.*

56   MARX, K; *Páginas malditas. Sobre La cuestión judía y otros textos,* Buenos Aires, 2012, p. 85.

Este Estado socialista no es una corporación democrática ni parlamentaria. No produce leyes dirigidas a la creación, confirmación o sostén de los derechos y libertades individuales, sino un medio a través del cual el Proletariado ejerce su dictadura y construye el Socialismo. Tarea que corresponde a los comunistas, *«el sector más resuelto de los partidos obreros de todos los países, el sector que siempre impulsa adelante a los demás»*, quienes, desde luego, *«tienen sobre el resto del proletariado la ventaja de su clara visión de las condiciones, de la marcha y de los resultados generales del movimiento obrero. El objetivo inmediato de los comunistas es el mismo que el de todos los demás partidos proletarios: constitución de los proletarios en clase, derrocamiento de la dominación burguesa, conquista del poder político por el proletariado»*[57]. Es esta vanguardia de revolucionarios expertos la que toma el poder y organiza el Estado, impulsado por *«un partido cuyo programa económico no es un simple programa socialista en general, sino un programa directamente comunista, y cuya meta política final es la superación total del Estado y, por consiguiente, también de la democracia»*, en palabras de Engels[58]. Es importante advertir que la desaparición del Estado se entiende tan sólo ceñida a lo que supone al carácter político del mismo, pues eliminadas las clases opresoras y los grupos reaccionarios, destruidas las relaciones de producción capitalistas y concentrados estos bienes de producción en el seno del Estado controlado por el Proletariado, ya no existirán elementos de contradicción social que justifiquen la existencia de la política, así como de órganos de represión de las conductas. Cuando el individuo se ha disuelto en la colectividad y no tiene, por ello, intereses diferentes o separados del colectivo, la *función política* de Estado ya no será necesaria y desaparecerá. Lo que no se extinguirá será el Estado como administrador y gestor, es decir, en su *función pública*. En consecuencia, *«el Estado*

---

57   MARX, K y ENGELS, F; *Manifiesto del Partido Comunista* en *Obras Escogidas, Tomo 1,* Moscú, 1980, p. 60.

58   Cit. En LENIN, V. I; *El Estado y la revolución* en *Obras Escogidas, Tomo 2,* Moscú, 1961, p. 179.

*político, y con él la autoridad política, desparecerán como conse-
cuencia de la próxima revolución social, es decir, que las funciones públicas perderán su carácter político, troncándose en simples
funciones administrativas, llamadas a velar por los verdaderos
intereses sociales»*[59].

Llegados a este punto, es claro concluir que los posteriores
regímenes totalitarios que aplicarían la doctrina creada y desarrollada por Marx y Engels, muy lejos de separarse de sus ense-
ñanzas, lo que hicieron fue ceñirse a sus presupuestos y aplicarlos
hasta sus últimas consecuencias. Pues constituye un hecho incon-
testable que, independientemente del contexto geográfico, político y cronológico, la puesta en práctica de estos presupuestos ha
dado lugar a realidades políticas caracterizadas por los mismos
elementos, más allá de las peculiaridades exhibidas consustan-
ciales a la sociedad en la que arraigan. En lo que este análisis
interesa, y como ha ido perfilándose a lo largo de esta exposición,
el Derecho es contemplado por la concepción marxista como un
elemento más al servicio del Proletariado erigido en clase dominante para extirpar a la burguesía y a los grupos considerados
como contrarrevolucionarios del tejido social. El Derecho es una
realidad «burguesa» que se mantiene, como el Estado, tan sólo
en la medida en que constituye un recipiente, un medio, para la
construcción del Socialismo durante la etapa de transición hacia
la sociedad comunista. Nunca un vehículo para la formulación
y/o ampliación de los derechos y de las garantías jurídicas de
los ciudadanos. Esta es la base conceptual, indisponible, sobre
la que se edificarán los edificios jurídicos de todos los sistemas
políticos basados en el marxismo o inspirados por él, desde la
Unión Soviética hasta sus estados satélite en la Europa Central y
Oriental, incluyendo a la República Democrática Alemana. En
su articulación, sin embargo, será igual de determinante la forma
en la que estos sistemas se imponen en los territorios que posteriormente organizarán, así como el *modus operandi* soviético del

---

59   MARX, K y ENGELS, F; *De la autoridad* en *Obras escogidas, Tomo
2,* Moscú, 1980, p. 220.

cual partirán, estrechamente ligado a la personalidad de Lenin y al desarrollo llevado a cabo más tarde por Stalin[60].

2. De las cenizas del Reich. La Democracia Popular en Alemania del Este

Cuando en octubre de 1949 se crea en el territorio correspondiente a la zona de ocupación soviética de lo que hasta hace poco había sido el Tercer Reich la República Democrática Alemana (RDA), desde el primer momento se organiza a imagen y semejanza del resto de Estados satélite de matriz soviética que nacen en Europa Central y Oriental. Polonia, Checoslovaquia, Rumanía, Hungría, Bulgaria, Yugoslavia y Albania ven alumbrar en su seno unos sistemas políticos dictatoriales caracterizados fundamentalmente por la hegemonía del partido político gobernante controlado por los comunistas, la inexistencia de libertades civiles y políticas, así como la implementación de un sistema de Economía Planificada. Los dos últimos Estados, Yugoslavia y Albania, seguirán caminos dispares alejados del control de Moscú. Pero son los restantes —con un posterior alejamiento de Rumanía durante la época de Ceaucescu que no se tradujo en ruptura— los que permanecen bajo un férreo control por parte de la Unión Soviética. Aunque la intención del régimen de Stalin tras la victoria en la Segunda Guerra Mundial es atar en corto a estos países e imponer una política tendente a la homogeneización social por un lado y a la dependencia clientelar por otro, la enorme disparidad social, histórica e incluso idiomática no puede evitar que, pese a los esfuerzos de los comunistas locales y sus super-

---

60 Especialmente lúcidas son las conclusiones de Victor Sebestyen en su biografía sobre Lenin: «*A lo largo de su existencia, la Unión Soviética se identificó con el fundador del Estado, vivo o muerto. El régimen que creó se basó en gran medida en su personalidad; era reservado, suspicaz, intolerante, ascético y airado. Muy pocos de los aspectos más decentes de su personalidad se transfirieron a la esfera pública de su Unión Soviética.* » SEBESTYEN, V; *Lenin. Una biografía,* Barcelona, 2020, pp. 406-407.

visores soviéticos, cada uno de estos países transite un camino dispar, si bien el ascendente soviético se mantendrá hasta 1989, eso sí, no sin rupturas y fisuras en el bloque que requirieron la intervención militar, tales como los sucesos de Alemania del Este en 1953, Hungría en 1956 y Checoslovaquia en 1968, pondrán de manifiesto con contundente dramatismo[61].

La RDA se diseña como una Democracia Popular. Un sistema político variante del soviético que, pese al empeño cosmético, conserva todas y cada una de sus características originarias: el Partido único fundido con el aparato del Estado, la ideología oficial verticalizadora y cimentadora del tejido social, la Economía Planificada y el Terror implantado por medio de una policía política. La Democracia Popular se trata en esencia de un concepto acuñado durante la Conferencia de Partidos Comunistas celebrada en Varsovia en 1947, adoptando su forma definitiva en el transcurso del V Congreso del Partido Comunista de Bulgaria en 1948. Es Gueorgi Dimitrov, quien había sido dirigente de la Internacional Comunista y que en esos momentos maneja el timón de la recientemente creada República Popular de Bulgaria, el encargado de explicarlo: *«El régimen soviético y el régimen de democracia popular no son más que dos formas de un mismo poder: el de la clase obrera, aliada con los trabajadores de las ciudades y de los campos y combatiendo a su cabeza. Son dos formas de la dictadura del proletariado»*[62]. En realidad, la única diferencia entre el sistema soviético y la Democracia Popular reside en el hecho de que, en esta última, se mantiene la figura del Frente Popular como una suerte de conglomerado de diferentes partidos «antifascistas» representantes de las diferentes sensibilidades de la sociedad en la que se implanta la dictadura comunista pero que, en realidad, actúan como meras correas de transmisión del partido comunista o del partido resultante de la absorción del so-

---

61 APPLEBAUM, A; *El Telón de Acero. La destrucción de Europa del Este 1944-1956*, Barcelona, 2017, pp. 27-36.

62 DÍEZ ESPINOSA, J. R, y MARTÍN DE LA GUARDIA. M. R; *op. cit,* p. 207.

cialista por el primero. En el caso de la RDA, a esta plataforma se la denominó Frente Nacional[63].

Tras la fusión —en realidad, absorción— del SPD (*Sozialdemokratische Partei Deutschlands*) por el KPD (*Kommunistische Partei Deutschlands*) en la Alemania controlada por los soviéticos en abril de 1946 nace el que va a ser hasta la desaparición de la RDA el partido dominante sobre el cual descansará la gobernabilidad del Estado y, en última instancia, el Estado mismo[64]. Se trata del SED (*Sozialistische Einheitspartei Deutschlands*), el Partido Socialista Unificado de Alemania, cuyas acciones son fiscalizadas desde el primer momento por la Administración Militar Soviética, tal y como declaró el coronel Tiulpanov, director de la división de propaganda de esta última: *«Todas las decisiones del SED deben ser aprobadas por la cúpula de la Administración Militar Soviética»*[65]. Pese a ello, ni el control de las autoridades sobre los primeros comicios electorales en el territorio de lo que en el futuro se convertirá en la RDA, ni la manipulación, ni la coacción sobre los opositores y el resto de partidos, ni la gestión desigual de los recursos (a favor, por supuesto, del SED), ni el hecho de que los soviéticos hagan campaña abiertamente a favor de este último y se apoyen para ello en el ascendente abrumador que les proporciona su ocupación militar (con capacidad para apoyar y vetar candidatos, así como de permitir o no según qué actos electorales) salva a los comunistas alemanes de un decepcionante resultado que su aparato de propaganda trata de presentar desesperadamente como una victoria. No obstante, sin perder de vista esta última realidad, las autoridades alemanas, en estrecha colaboración con las soviéticas, desarrollan una eficaz campaña de represión y eliminación de opositores políticos,

---

63   *Ibíd.*

64   Los socialdemócratas de Alemania del Este no se fueron con las manos vacías: su líder, Otto Grotewohl, se convirtió en el Primer Ministro de la RDA desde 1949 hasta su muerte en 1964. APPLEBAUM, A; *Ibíd,* p. 292.

65   *Ibíd,* p. 293.

que incluye la detención y ejecución de algunos de sus más prominentes cuadros[66].

Los pasos definitivos, sin embargo, para la conformación legal definitiva de la RDA se dan en marzo de 1948, cuando un *Congreso Nacional* impulsado por el SED elige una *cámara popular* con el propósito de redactar una Constitución para los territorios de Alemania del Este; así como en marzo de 1949, cuando se elige el Tercer Congreso del Pueblo, el cual ratifica en el mes de mayo del mismo año la Constitución vigente para esta zona de Alemania. Finalmente, el general Vasili Chuikov, jefe de las fuerzas de ocupación soviéticas y quien había combatido contra el VI Ejército alemán en Stalingrado, traspasa sus poderes de manera oficial a Otto Grotewohl en calidad de Primer Ministro, naciendo así la República Democrática Alemana el 7 de octubre de 1949, con Wilhelm Pieck, Presidente del SED, como Presidente a su vez de la república[67]. En la práctica, el poder real recae sobre Walter Ulbricht, hombre disciplinado, obsesivo, frío, despiadado e implacable, entregado con absoluta dureza a la visión estalinista del mundo y a la doctrina del marxismo-leninismo, así como carente del más mínimo escrúpulo a la hora de imponer su doctrina. Como hicieran los líderes soviéticos en sus respectivos feudos, moldea la RDA en gran medida según su personalidad, diseñando una estructura de poder metódica y extremadamente organizada, que apenas deja el menor resquicio a la disidencia y a la oposición para hacerse sentir[68]. Su apoyo a la Dictadura del Proletariado es furibundo e inquebrantable, con una fuerza y una pasión mucho más allá que la exhibida por los propios soviéticos en unos tiempos en los que los vientos de la *Coexistencia Pacífica* soplan con más fuerza. En una discusión el 10 de agosto de 1961 en una fábrica con un obrero que se atreve a echarle en cara la

---

66   APPLEBAUM, A; *El Telón de Acero. La destrucción de Europa del Este 1944-1956*, Barcelona, 2017, pp. 294-296.

67   DÍEZ ESPINOSA, J. R, y MARTÍN DE LA GUARDIA. M. R; *op. cit,* p. 212.

68   KEMPE, F; *Berlín 1961. El lugar más peligroso del mundo,* Barcelona, 2012, pp. 123-128.

ausencia de elecciones libre en la RDA, el líder germano oriental se revuelve con virulencia y perora sobre la idea de que el sistema parlamentario de elecciones propio de la República de Weimar fue el que aupó al Poder a Hitler y, en definitiva, condujo a Alemania hacia la Segunda Guerra Mundial. *«¿Quien defiende las elecciones libres defiende a los generales de Hitler.»*, exclama rojo de ira, en una manifestación clara, contundente y abierta de la visión política y jurídica sobre la que se sostiene la RDA[69].

Se trata, en el fondo, de la continuidad de una visión y de una praxis política que los comunistas alemanes habían sostenido desde siempre, y que estaba inserta en su misma identidad. Ya en enero de 1919, dirigidos por Rosa Luxemburgo y Karl Liebnecht, llevan a cabo una insurrección armada con el propósito de encender la mecha para la revolución y provocar una guerra civil, que fracasa por la enérgica actuación del gobierno socialdemócrata de la naciente República de Weimar. En el III Congreso de la *Komintern* (la Internacional Comunista), celebrado en Moscú en junio de 1921, se establecen las normas de actuación de todos los partidos comunistas sometidos al régimen soviético: *«El Partido Comunista debe inculcar en todas las capas del proletariado, por medio de los hechos y de la palabra, la idea de que todo conflicto económico o político puede, si se da un cúmulo de circunstancias favorables, transformarse en guerra civil, durante la cual la misión del proletariado será apoderarse del poder político.»* La *«sublevación revolucionaria abierta»* es en ese momento la táctica a seguir, que además tiene su puesta en práctica unos meses antes, en marzo de 1921, cuando la insurrección comunista se pone de nuevo en marcha en Sajonia con una virulencia que es causa, además, de su mismo fracaso. En 1923, tras la invasión del Ruhr por franceses y belgas a consecuencia del impago alemán de las reparaciones de guerra, los comunistas vuelven a la carga y desde Moscú se coloca al Ejército Rojo en la frontera para intervenir en caso de éxito de sus camaradas alemanes. El episodio

---

69   *Ibíd,* pp. 358-360.

más cruento de esta nueva intentona insurreccionar tiene lugar en Hamburgo el 23 de octubre, siendo necesaria la intervención tanto del ejército (*Reichswehr*) como de la policía[70].

Volviendo a la RDA, su entramado jurídico queda definitivamente *positivado* en la Constitución de 1949, consagrando un modelo casi mimético al del resto de las «democracias populares». De esta manera, el partido único, configurado como Partido-Estado, los principios ideológicos marxistas-leninistas, la socialización de la Agricultura concretada en las colectividades agrarias, y la nacionalización de la Industria enfocada a la potenciación de la industria pesada, dentro de un sistema económico de Planificación Centralizada, delimitan claramente los contornos del sistema jurídico y político de la RDA. Aunque se recoge un catálogo generoso de derechos fundamentales a semejanza de los de los textos constitucionales de los Estados Liberales (y con numerosas coincidencias con la Ley Fundamental de Bonn, también del año 1949), los cuales incluyen la libertad de expresión, la huelga, llegándose a reconocer incluso la Propiedad Privada, si bien prevista como una propiedad «personal» en absoluto homologable a la existente en los países occidentales, y enfocada fundamentalmente a mitigar las tensiones con el campesinado dentro de las políticas de colectivización forzosa, reducida en esencia a la casa y a la existencia de un huerto dedicado a la subsistencia para el campesino en cuestión y su familia[71].

En todo caso, este compendio de derechos debe interpretarse a la luz de la visión marxista del Derecho ya explicada. Se concibe, pues, como un medio para un fin, la construcción del Socialismo. Y no como una magnitud susceptible de separar al individuo del colectivo social, razón por la cual no están dotados de las garantías jurídicas constitucionales y administrativas que son menester para entender a dichas derechos enteramente caracterizados como tales. Como bien deja estipulado Marx: *«Toda estruc-*

---

70   VV. AA; *El libro negro del Comunismo*, Madrid, 2021, pp. 364-371.

71   DÍEZ ESPINOSA, J. R, y MARTÍN DE LA GUARDIA. M. R; *op. cit,* p. 210.

tura provisional del Estado después de una revolución, exige una dictadura, y una dictadura enérgica. Nosotros hemos reprochado [...] el no haber obrado dictatorialmente, el no haber destruido y eliminado en seguida los restos de las viejas instituciones.»[72] El filósofo alemán advirtió contra las *«ilusiones constitucionalistas»* y los *«ejercicios escolares de parlamentarismo»* en su análisis de la Revolución Alemana de 1848, entendiendo que su Parlamento, la Asamblea de Francfort, *«debía haber actuado dictatorialmente contra las intentonas reaccionarias de los gobiernos caducos, y así hubiera adquirido tal fuerza en la opinión popular que todas las bayonetas se habrían roto contra ella...»*[73].

La Dictadura del Proletariado es descrita con brutal claridad por Lenin en su escrito *Las tareas inmediatas del poder soviético,* en el curso del cual traza una estructura teórico-práctica de la que beberán todos los sistemas legales de las dictaduras comunistas en el futuro cuando afirma que *«la palabra dictadura es una gran palabra. Y las grandes palabras no deben ser lanzadas a voleo. La dictadura es un Poder férreo, de audacia y rapidez revolucionarias, implacable en la represión tanto de los explotadores como de los malhechores»* en tanto que la historia *«no conoce ninguna gran revolución en la que el pueblo no haya sentido instintivamente esto y no haya revelado una firmeza salvadora, fusilando a los ladrones en el acto»*[74]. Prosigue Lenin: *«no es difícil convencerse de que, en toda transición del capitalismo al socialismo, la dictadura es imprescindible por dos razones esenciales o en dos aspectos fundamentales. En primer término, es imposible vencer y desarraigar el capitalismo sin aplastar de manera implacable la resistencia de los explotadores, que no pueden ser privados de golpe de sus riquezas, de las ventajas que les proporcionan su organización y sus conocimientos y que, en consecuencia, se esforzarán inevitablemente,*

---

72   Cit. En LENIN, V. I; *Dos tácticas de la socialdemocracia en la revolución democrática* en *Obras Escogidas, Tomo I,* Moscú, 1961, p. 306.

73   *Ibíd.*

74   LENIN, V. I; *Las tareas inmediatas del poder soviético* en *Obras Escogidas, Tomo 2,* Moscú, 1961, p. 366.

durante un período bastante prolongado, por derrocar el odiado Poder de los pobres. En segundo término, toda gran revolución, especialmente una revolución socialista, es inconcebible sin guerra interior, de decir, sin guerra civil, incluso si no existe una guerra exterior»[75].

La concepción inequívocamente *totalizadora* de esta dictadura, que sólo se sirve de las leyes y del Derecho para imponerse y eliminar a sus enemigos, es igualmente reconocida por el líder soviético, dado que es claro que *«debemos admitir la necesidad del Estado, es decir, la coerción, para pasar del capitalismo al socialismo»* pues *«toda gran industria mecanizada —es decir, precisamente el origen y la base material, de producción, del socialismo— requiere una unidad de voluntad absoluta y rigurosísima que dirija el trabajo común de centenares, miles y decenas de miles de personas [...] ¿cómo puede asegurarse la más rigurosa unidad de voluntad? Subordinando la voluntad de miles de hombres a la de uno sólo»*[76], es decir, *«una subordinación incondicional a las órdenes personales de los representantes del Poder soviético en las horas de trabajo»*[77] en tanto que *«la dictadura presupone un Poder revolucionario verdaderamente firme e implacable en la represión tanto de los explotadores como de los malhechores»* que se ejerce a través de *«las disposiciones de una sola persona, de los dirigentes soviéticos, de los dictadores, elegidos o designados por las instituciones soviéticas, dotados de plenos poderes dictatoriales»*[78].

Esta dictadura, expone Lenin en *La revolución proletaria y el renegado Kautsky, «es un poder que se apoya directamente en la violencia y no está sujeto a ley alguna»*; se trata, por tanto, e insiste, de *«un poder conquistado y mantenido mediante la violencia ejercida por el proletariado sobre la burguesía, un poder no sujeto*

---

75   *Ibíd.*

76   *Ibíd.*

77   *Ibíd,* p. 369.

78   LENIN, V. I; *Seis tesis acerca de las tareas inmediatas del poder soviético* en *Obras Escogidas, Tomo 2,* Moscú, 1961, p. 373.

a ley alguna»[79], o lo que es lo mismo, una situación *«de violencia revolucionaria de una clase sobre otra»*[80] en la que es requisito imprescindible *«reprimir por la fuerza a los explotadores como clase, y, por consiguiente, la violación de la 'democracia pura', es decir, de la igualdad y de la libertad por lo que se refiere a esa clase»* en tanto que *«el proletariado no puede triunfar sin vencer la resistencia de la burguesía, sin reprimir por la violencia a sus adversarios; y donde hay 'represión violenta', donde no hay 'libertad', desde luego no hay democracia»*[81]. Y en esta dictadura, en la que el Estado *«no es más que una máquina para la opresión de una clase por otra»*[82], *«nadie ha deducido todavía [...] que el socialismo se oponga a la violencia revolucionaria»*[83]. Es más, se trata de una dictadura, de un Estado, que libra una guerra revolucionaria: *«Toda guerra es una violencia contra naciones, pero esto no obsta para que los socialistas estén a favor de la guerra revolucionaria. El carácter de clase de una guerra es lo fundamental que se plantea un socialista (si no es un renegado)»*; para concluir: *«El que se aparte de este punto de vista sobre la guerra no es socialista»* [84].

Se trata de un *Estado Totalitario* en el sentido más genuino del término. Un Estado en el que *el Partido* se sitúa en el centro de todo. El Partido revolucionario. El Partido totalitario. El Partido de Lenin. Un partido concebido por el líder bolchevique en su ensayo *¿Qué hacer?* como una organización de revolucionarios *«que sustente de manera firme el punto de vista del marxismo, que dirija toda la lucha política y disponga de un Estado Mayor de agitadores profesionales»*[85]. Y una organización cerrada a la li-

---

79 LENIN, V. I; *La revolución proletaria y el renegado Kautsky* en *Obras Escogidas, Tomo 3,* Moscú, 1961, p. 37.

80 *Ibíd,* p. 38.

81 *Ibíd,* p. 46.

82 *Ibíd,* p. 47.

83 *Ibíd,* p. 60.

84 *Ibíd.*

85 LENIN, V. I; ¿Qué hacer? en *Obras Escogidas, Tomo I,* Moscú, 1961, pp. 137-138.

bertad de crítica, como el propio Lenin explica: *«Todo aquel que no cierre deliberadamente los ojos tiene que ver por fuerza que la nueva tendencia 'crítica', surgida en el seno del socialismo, no es sino una nueva variedad del oportunismo. Y si no juzgamos a los hombres por el brillo del uniforme que ellos mismos se han puesto, ni por el sobrenombre pomposo que a sí mismos se dan, sino por sus actos y por la clase de propaganda que llevan a la práctica, veremos claramente que la 'libertad de crítica' es la libertad de la tendencia oportunista en el seno de la socialdemocracia, la libertad de hacer de la socialdemocracia un partido demócrata de reformas, la libertad de introducir en el socialismo ideas burguesas y elementos burgueses. La libertad es una gran palabra, pero bajo la bandera de la libertad de industria se han hecho las guerras más expoliadoras y bajo la bandera de la libertad de trabajo se ha despojado a los trabajadores. La misma falsedad intrínseca encierra el empleo actual de la expresión 'libertad de crítica'. Personas realmente convencidas de haber impulsado la ciencia no reclamarían libertad para las nuevas concepciones al lado de las antiguas, sino la sustitución de estas últimas por las primeras. En cambio, los gritos actuales de '¡Viva la libertad de crítica!' recuerdan demasiado a la fábula del tonel vacío»* [86].

El Partido, por lo demás, asume como *Dogma de Fe* la teoría revolucionaria marxista. Una visión del mundo de la que no cabe la más mínima discrepancia. Así: *«Sin teoría revolucionaria, no puede haber tampoco movimiento revolucionario»* [87] en tanto que *«sólo un partido dirigido por una teoría de vanguardia puede cumplir la misión de combatiente de vanguardia»* [88]. El Partido es concebido por Lenin como el *guía supremo* de la Revolución y del Estado Socialista en su escrito *El Estado y la Revolución*: *«Educando al partido obrero, el marxismo educa a la vanguardia del proletariado, vanguardia capaz de tomar el Poder y de condu-*

---

86   *Ibíd,* pp. 70-71.

87   *Ibíd,* p. 79.

88   *Ibíd,* p. 80.

cir a todo el pueblo al socialismo, de dirigir y organizar el nuevo régimen, de ser el maestro, el dirigente y el jefe de todos los trabajadores y explotados en la obra de organizar su propia vida social sin la burguesía y contra la burguesía»[89]. De ahí que el Partido, que *es* el Estado, que *es* el Proletariado constituido como «clase dominante», rehúya de los mecanismos de control jurídico de los Estados de Derecho liberales. Estos tan sólo sirven para evitar y corregir los abusos dentro de la sociedad burguesa. Una vez efectuada la revolución, centralizada la economía y eliminadas las relaciones de producción, el Derecho se mantiene sólo en la medida en que constituye un instrumento privilegiado para 1) eliminar a los grupos que —siempre según el determinismo ideológico marxista— deben desaparecer, y 2) apuntalar el dominio absoluto del Proletariado y de su vanguardia, el Partido. Ello es así en coherencia con la concepción expuesta de que es la vanguardia y *sólo* la vanguardia la que conoce los arcanos de la teoría revolucionaria y sabe, en consecuencia, qué hace que hacer, qué dirección tomar. Y esta dirección no es otra que la que lleve a la creación de «seres-especie», *individuos totales*, Nuevos Hombres socialistas, que encarnan a su vez la «nueva» sociedad socialista, libre de los perniciosos intereses individualistas.[90]

Las únicas conductas permitidas dentro del Estado son aquellas compatibles con la ortodoxia ideológica impuesta por el partido totalitario y tendente a las políticas de *ingeniería social* enfocadas a la consecución del *Homo Sovieticus*, el nuevo «hombre soviético» creado desde arriba por medio del conjunto de instituciones estatales que lo envolverían desde el mismo momento de su nacimiento. El resultado sería un ser disuelto en la colectividad, que no concebiría otra realidad distinta del comunismo y que, por ende, no podría oponerse a él porque jamás se le pasaría

---

89   LENIN, V. I; *El Estado y la Revolución* en *Obras Escogidas, Tomo 2*, Moscú, 1961, p. 157.

90   DÍEZ ESPINOSA, J. R, y MARTÍN DE LA GUARDIA. M. R; *op. cit*, p. 198.

por la cabeza la posibilidad de hacerlo[91]. Por eso, ni en la Unión Soviética ni en las Democracias Populares existe Sociedad Civil. Todos los grupos, todas las entidades son *públicas*, sometidas a y dependientes del Partido-Estado. No existe, por tanto, noción de lo *privado* ni entidades jurídicas destinadas a encauzar unos hipotéticos intereses de esta naturaleza. La nueva «conciencia totalitaria» tampoco lo demandaría, caracterizada por una visión maniquea, simplista y simplificadora de la compleja realidad, tendente a lo *absoluto* identificado con lo *justo*, fuera de lo cual nada más es admisible[92].

La RDA constituye uno de los ejemplos más acabados de este proyecto utópico. Y, desde el primer momento, lo demuestra de manera expeditiva. Recuérdese que las elecciones regionales celebradas en 1946 suponen un estrepitoso fracaso para el SED. No sucederá de nuevo. En esta ocasión, a las elecciones para el Tercer Congreso Popular (que, como ya se ha dicho, significa el pistoletazo de salida para la aprobación de la Constitución y, al fin y a la postre, el surgimiento legal de la RDA como Estado «independiente») no pueden presentarse diferentes partidos como en las anteriores, sino que, por el contrario, existe una lista única con candidatos ya decididos que se ofrece unida a una consulta de carácter plebiscitario que pregunta directamente al elector sobre si está o no de acuerdo con la «unidad de Alemania» y la firma de un «tratado de paz». La Constitución de esta Asamblea, denominada *Volksrat,* está dominada completamente por el SED, que cuenta además con la representación electoral de sus organizaciones satélite (a saber, organizaciones de masas englobadoras del mundo juvenil, sindical y cultural)[93]. Tras recibir las indicaciones pertinentes en la Unión Soviética por parte de

---

91   APPLEBAUM, A; *El Telón de Acero. La destrucción de Europa del Este 1944-1956*, Barcelona, 2017, p. 393.

92   DÍEZ ESPINOSA, J. R, y MARTÍN DE LA GUARDIA. M. R; *op. cit,* pp. 199-202.

93   HILLERS DE LUQUE, S; *Nazismo y Comunismo*, Madrid, 2016, pp. 231-232.

Stalin, los tres líderes más importantes de lo que va a convertirse en la RDA, Walter Ulbricht, Wilhelm Pieck y Otto Grotewohl, vuelven a Alemania para repartirse el Poder. No se pierde el tiempo. El *Volksrat,* presidido por Pieck, declara constituida la RDA y se autodenomina Cámara Popular o *Volkskammer*; los cinco parlamentos de los *Länder* orientales designan los diputados que conforman la *Länderkammer*, la cual, junto con la *Volkskammer*, elige a Wilhelm Pieck Presidente de la República. Posteriormente, la *Volkskammer* confirma a Otto Grotewohl como Primer Ministro y a su Gobierno, el cual incluye a Walter Ulbricht —auténtico director de la escena política y hombre fuerte— como Vicepresidente[94].

El sistema político de la RDA, consagrado en la Constitución de 1949 queda constituido, así, por la *Volkskammer* como cámara de representación «popular» elegida por sufragio universal directo por todas las personas mayores de dieciocho años durante cuatro años; la *Länderkammer*, cuya composición eligen los cinco *Länder*; y el Presidente de la República, elegido por ambas cámaras en sesión conjunta. No obstante, el sistema se mantiene en continua evolución, especialmente en lo que atañe a la cuestión territorial, un escollo que se salva aboliendo los *Länder* en 1952, sustituyéndolos por regiones más pequeñas y controlables (en la práctica, insignificantes), y eliminando directamente la *Länderkammer* en 1958[95]. A la par, el poder de Ulbricht aumenta sin cesar. En 1960, tras la muerte de Pieck, desparece el cargo de Presidente de la República y es sustituido por un Consejo de Estado colegiado en el que el Presidente —Ulbricht— tiene la competencia para dictar decretos. El dictador de la RDA adquiere progresivamente la capacidad legal de promulgar decretos sin someterlos al Consejo de Ministros, así como la de declarar el Estado de Alarma sin sujetarse a ningún control jurídico. Tanto es así que, para el año 1962, Ulbricht acumula los cargos de

---

94   *Ibíd.*
95   FULBROOK, M; *op. cit,* p. 198.

Secretario General del SED (verdadero Poder Ejecutivo), Presidente del Consejo de Estado y Presidente del Consejo de Defensa Nacional, rol este último que le otorga mando directo sobre las Fuerzas Armadas, el NVA (*Nationale Volksarmee*) o Ejército Popular Nacional[96].

Es el SED, en todo caso, la columna vertebral de la RDA y la estructura sobre la cual pivota su estabilidad. Se establece no sólo como un partido de 'cuadros' sino también como un partido de 'masas', que comprende conjuntamente a activistas y a miembros más o menos pasivos, erigiéndose como una plataforma a través de la cual canalizar la actividad política y social de los ciudadanos de la RDA, en la cual aquella lo es prácticamente todo. Esto es importante por cuanto la estabilidad del SED equivale a la estabilidad de la RDA. La capacidad de esta estructura para mantenerse a grandes rasgos unida durante casi toda su historia constituye un garante para la continuidad de Alemania Oriental como Estado y entidad diferenciada de la RFA. A ello no es ajeno el equilibro que ha de guardarse entre los cuadros ideológicos impulsores de las políticas y los funcionarios y técnicos estatales de amplia cualificación encargados del diseño de su puesta en práctica y de su definitiva implementación. Necesariamente, las estructuras burocráticas, tanto del Partido como del Estado, van actualizándose, modificándose el juego de equilibrios en función del contexto y de las circunstancias imperantes. En cualquier caso, se abre paso una estructura fuertemente jerarquizada y autoritaria, que se traslada del SED a la Administración Pública y a los órganos estatales, que son los encargados de ejecutar las decisiones forjadas en el 'centro'. Y, pese a los afanes totalizadores de los dirigentes comunistas, como sucede en todos los países socialistas en Europa del Este -incluyendo a la Unión Soviética-

---

96   DÍEZ ESPINOSA, J. R, y MARTÍN DE LA GUARDIA. M. R; *op. cit,* pp. 213-214. El NVA se nutrió, especialmente en sus comienzos, de antiguos soldados y oficiales de la *Wehrmacht*, las Fuerzas Armadas del Tercer Reich. KEMPE, F; *op. cit,* pp. 358-360. NÚÑEZ SEIXAS, X. M; *Volver a Stalingrado*, Barcelona, 2022, pp. 39-40.

perviven no una sino dos jerarquías burocráticas: la de los funcionarios y técnicos estatales y la de los funcionarios, cuadros y dirigentes del Partido[97].

Ello da lugar al nacimiento de una «contra-élite institucionalizada» de técnicos y funcionarios cuyos conocimientos se hacen cada vez más indispensables para el manteamiento del aparato productivo, económico y administrativo de la RDA, si bien el campo de acción de estos está siempre coartado por los dirigentes políticos, que siempre copan los puestos de decisión fundamentales en los ministerios. En el caso de la RDA, la alianza entre «los tecnócratas» y «los políticos» es estrecha y necesaria, pues la creciente complejidad en la toma de decisiones la convierte en un requisito indisponible para el perfeccionamiento del funcionamiento de la maquinaria totalitaria de gestión y, por lo tanto, de control de la población[98]. El resultado es la creación de una nueva clase social, una nueva élite, lo que en el caso soviético se ha dado en llamar la *nomenklatura*, que rápidamente deriva en una burocratización anquilosada y en el afloramiento de una auténtica gerontocracia incapaz de seguir el paso a la evolución de la sociedad y al cambio de valores e inquietudes de la población[99]. Esto constituirá un verdadero problema en Alemania, cuando el claro envejecimiento de la élite gobernante ponga de manifiesto para todos el evidente agotamiento político, económico y hasta ideológico de la RDA, cuando se haga insoslayable el fracaso económico, el bajo nivel de vida, la obsolescencia del tejido industrial, el desabastecimiento de productos de primera necesidad y, sobre todo, el angustioso peso de una burocracia improductiva y de un aparato represivo verdaderamente eficaz, a lo que no será ajeno la falta de apoyo de la jerarquía soviética a

---

97   FULBROOK, M; *op. cit,* pp, 314-316.

98   DÍEZ ESPINOSA, J. R, y MARTÍN DE LA GUARDIA. M. R; *op. cit,* pp. 206 y 232.

99   TAIBO, C; *Historia de la Unión Soviética. De la revolución bolchevique a Gorbachov,* Madrid, 2018, pp. 277 y ss.

la gerontocracia germano-oriental con la entronización del reformista Mijaíl Gorbachov[100].

Con todo, el sistema electoral no oculta la preeminencia del SED, puesto que el Partido presenta sus candidatos en una lista única dentro del Frente Nacional con el resto de partidos admitidos dentro del sistema político de la RDA. Como ya se ha alcanzado a señalar, en la Alemania del Este, como en el resto de «democracias populares», se mantiene una ficción pluripartidista con el objetivo de canalizar a través de partidos, grupos y asociaciones interpuestos y satélites del partido dominante las diferentes inquietudes de una sociedad que, hasta el advenimiento definitivo del *Homo Sovieticus* se sabía más o menos plural. En casos como el de Alemania o Checoslovaquia, la trayectoria anterior del país, con un pluripartidismo consolidado o, cuanto menos, latente culturalmente, determina que las autoridades comunistas se sirvan de estos partidos-satélite como instrumento de socialización que se percibe como más eficaz que la imposición «en frío» de la hegemonía marxista. Y, aunque en determinadas ocasiones miembros de estos partidos llegan a alcanzar cotas importantes de poder (véase, sin ir más lejos, la dirección de ministerios y otros cargos de importancia en el seno del régimen), la realidad es que estas organizaciones actúan como meras correas de transmisión de las políticas impulsadas por el SED, proporcionando a diferentes sectores de la población una vía específica para entender su compromiso con el régimen[101]. Estos partidos son, en Alemania del Este, la CDU (*Christlich-Demokratische Union Deutschlands*) o Unión Cristiano-Demócrata de Alemania, que rompe sus relaciones con sus homólogos de la RFA, promoviendo, dentro del socialismo, las inquietudes morales conservadoras; el LDPD (*Liberal-Demokratische Partei Deutschlands*) o Partido Liberal-Democrático de Alemania, enfocado a la creación de cooperativas de producción integradores de la pequeña

---

100   MARTÍN DE LA GUARDIA. M. R; *La caída del Muro de Berlín. El final de la Guerra Fría y el auge de un nuevo mundo,* Madrid, 2019, pp. 33-62.

101   FULBROOK, M; *op. cit,* p. 317.

empresa y del taller artesano dentro de la política de colectivización; el BDB (*Demokratische Bauernpartei Deutschlands*) o Partido Democrático Campesino de Alemania, representante de los intereses de los campesinos y tendente a la canalización de sus intereses hacia la colectivización; y el NDPD (*National-Demokratische Partei Deutschlands*) o Partido Nacional Democrático de Alemania, que aloja dentro de sí a antiguos militantes del NSDAP (*Nationalsozialistische Deutsche Arbeiter Partei*) —el Partido Nacionalsocialista de los Trabajadores Alemán—, antiguos oficiales de la *Wehrmacht* y nacionalistas radicales de diversa índole, conciliando los sentimientos nacionalistas con la visión socialista revolucionaria (algo, por cierto, no muy diferente de lo que había procurado la ideología nacionalsocialista de Hitler)[102]. Estos partidos son dirigidos por comunistas de lealtad probada o «no comunistas» serviles al SED[103]. Dicha «farsa» está en la misma matriz natal de la RDA, puesto que ya desde el mismo momento de su ocupación del territorio alamán, la Unión Soviética impulsa la refundación de los partidos socialdemócrata, demócrata-cristiano y liberal, supervisando por lo demás las elecciones locales y municipales, así como promocionando el control por parte de los comunistas alemanes de los puestos clave y el desplazamiento de los «no comunistas»[104]. Desde un momento tan temprano como 1945, Ulbricht había sido taxativo: *«Está bastante claro: tiene que parecer democrático, pero todo debe quedar bajo nuestro control»*[105].

El sistema queda definitivamente configurado con el ascenso al Poder del sucesor de Ulbricht, Erich Honecker, un «hombre de Moscú», en 1971. Honecker había estado ligado a las juventudes comunistas y a los órganos de Seguridad del Estado, y es el

102   DÍEZ ESPINOSA, J. R, y MARTÍN DE LA GUARDIA. M. R; *op. cit,* pp. 216-217.

103   HILLERS DE LUQUE, S; *op. cit,* p. 231.

104   APPLEBAUM, A; *El Telón de Acero. La destrucción de Europa del Este 1944-1956, Barcelona, 2017,* pp. 119-120.

105   *Ibíd,* p. 144.

responsable de la ejecución con precisión germánica de la construcción del Muro de Berlín en agosto de 1961. Joven agitador comunista en los años treinta y prisionero del régimen nacional-socialista, aúna dos características esenciales: capacidad de organización eficaz y eficiente, y una lealtad a toda prueba (si bien más al marxismo, a Moscú y al SED que a individuos concretos). Y es, de hecho, la construcción del Muro lo que catapulta definitivamente su carrera para ascender hasta la cima[106].

Con Honecker al mando, se aprueba en 1974 una nueva Constitución, que viene a consolidar el sistema jurídico de la RDA. No muy diferente a grandes rasgos de la de 1949, consagra en su artículo 6.2 la alianza *«para siempre y de manera irrevocable»* con la URSS. Esto es determinante para el apuntalamiento de todo el edificio político de Alemania Oriental, en tanto que del apoyo de Moscú depende la existencia de la RDA y, en consecuencia, la hegemonía política del SED que se reconoce en el artículo 3.2 del texto constitucional, guardián de la ideología marxista, guía de la sociedad e impulsor del Frente Nacional, que aloja a su vez dentro de sí a los cuatro partidos principales anteriormente señalados (la CDU, el LDPD, el BDB y el NDPD)[107]. De acuerdo con lo dispuesto en el texto constitucional, *«los partidos políticos y las organizaciones de masas unen a todas las fuerzas populares para la acción común con vistas al progreso de la sociedad socialista»*[108].

El sistema económico y de propiedad de la RDA se consagra en el Título II del texto constitucional, estableciéndose la planificación y la dirección centralizada como ejes verticales de dicho sistema. A ello se añade la propiedad socialista de los medios de producción, que convive con tres tipos de propiedad: 1) Propiedad Social: perteneciente al Estado, 2) Propiedad Cooperativa: perteneciente a las organizaciones de naturaleza socioeconómica

---

106   KEMPE, F; *op. cit,* p. 362.

107   DÍEZ ESPINOSA, J. R, y MARTÍN DE LA GUARDIA. M. R; *op. cit,* pp. 240-241.

108   MARTÍN DE LA GUARDIA. M. R; *op. cit,* p. 53.

que constituyen el sistema de la RDA, y 3) Propiedad Personal: perteneciente a los ciudadanos, contempla también el Derecho a la Herencia y, de acuerdo con lo dispuesto en el artículo 11.1 de la Constitución, *«sirve a la satisfacción de las necesidades materiales y culturales de los ciudadanos»*. En cuanto a la Enseñanza, se enfoca explícitamente como un medio para la consecución del Socialismo y la forja del «hombre nuevo» socialista, previéndose su gratuidad tanto a nivel escolar y universitario, así como de escuelas profesionales y técnicas en el artículo 26, puntos 2 y 3. Por otra parte, en el Capítulo Primero del Título II se recogen los Derechos y Deberes fundamentales de los ciudadanos, los cuales incluyen un catálogo similar al previsto en la Constitución de 1949, haciendo hincapié en la dignidad del sujeto, así como en su libertad. En el artículo 19.3 se dispone que *«liberados de la explotación, de la opresión y de la dependencia económica, todos los ciudadanos tienen iguales derechos y las mismas múltiples posibilidades de desenvolver plenamente sus aptitudes y desplegar, libre y voluntariosamente, en la sociedad socialista, sus fuerzas en beneficio de la sociedad y en el suyo propio»*. Eso sí, este derecho se ve complementado con el deber de defender la «patria socialista» y sus «conquistas», algo intrínsecamente ligado a la participación ciudadana en la vida pública y al Derecho al Trabajo, previsto en el artículo 24, que queda a su vez garantizado por la dirección centralizada de la Economía, la Planificación y la legislación socialista. De igual manera, se prevé en el artículo 27.2 la libertad de los Medios de Comunicación, el derecho de Asociación en el artículo 29.1 y la Libertad Religiosa, señalando el artículo 39 que las comunidades religiosas y las iglesias se desempeñarán *«dentro de lo establecido por la Constitución y las disposiciones legales de la República Democrática Alemana»*. Asimismo, se recogen derechos relativos a la organización sindical y a las cooperativas de producción[109].

---

109   DÍEZ ESPINOSA, J. R, y MARTÍN DE LA GUARDIA. M. R; *op. cit,* pp. 241-242.

La arquitectura del sistema político se diseña en el Título III, que contempla[110]:

- La *Volkskammer* o Cámara Popular: con funciones constituyentes y legislativas, de acuerdo con el artículo 50 *«elige al presidente y los miembros del Consejo de Estado, al presidente y los miembros del Consejo de Ministros, al presidente del Consejo Nacional de Defensa, al presidente y a los jueces de la Suprema Corte de Justicia y al Procurador general».*

- El Consejo de Estado: vela por el cumplimiento de lo decidido por la Cámara Popular mientras esta no esté reunida y es elegido por la misma.

- El Consejo de Ministros: auténtico Poder Ejecutivo, se encarga de dirigir la política del Estado en la RDA.

En realidad, y pese a los sucesivos cambios constitucionales y a los eslóganes de la propaganda, la RDA se configura coma una dictadura de partido único dirigida por una gerontocracia cada vez más conservadora y en la que las decisiones se toman por una camarilla reducida reunida en torno al líder. Pues es en el Comité Central del Partido, y más concretamente en el Politburó, donde se deciden las líneas maestras del curso de la navegación política[111]. El poder del Partido es, pues, absolutamente omnímodo, inyectando la ideología socialista en todos los aspectos de las políticas públicas que se ponen en marcha, por no mencionar los aspectos cotidianos de la vida los ciudadanos hasta en sus detalles más insignificantes. La División de Poderes es en la práctica inexistente, pues la *Volkskammer* queda vacía de contenido, configurándose como un órgano meramente convalidante de la iniciativa legislativa que sí posee el Consejo de Ministros. No existen canales para controlar la actividad del Gobierno ni de la Administración Pública. No existe ni Tribunal Contencioso-Administrativo ni Tribunal Constitucional. Así como no existe tampoco un Poder Judicial independiente que preserve la

---

110   *Ibíd.*
111   MARTÍN DE LA GUARDIA. M. R; *op. cit,* p. 49.

integridad jurídica del ciudadano frente a un Derecho Penal eminentemente represivo canalizado a través de un sistema judicial que no prevé tribunales independientes del Poder Ejecutivo, o lo que es lo mismo, del Poder del Partido[112].

Y es el Partido, el SED, el que canaliza su poder, para obtener la socialización del individuo y su sumisión, a través de las siguientes instancias principales[113]:

- La *Freier Deutscher Gewerkschaftsbund* (FDGB) o Federación Alemana de Sindicatos Libres: sometida al SED y dirigida a mantener a los obreros alemanes dentro de la política económica implementada por el Partido, minimizando así la conflictividad laboral.

- La *Freie Deutsche Jugend* (FDJ) o Juventud Alemana Libre: pertenece al Frente Nacional y goza de representación parlamentaria, se diseña como una instancia de adoctrinamiento y control ideológico, así como de selección de cuadros para el Partido. Tutela, asimismo, la vida del joven desde la infancia hasta la Universidad a través de los *Pioneros*[114].

- El Consejo Nacional Defensa que, controlado por el SED, coordina las actividades de las Fuerzas Armadas (el NVA) y las dos fuerzas represoras estatales más importantes:

  ▸ La *Deutsche Volkspolizei* (DVP) o Policía Popular: fuerza encargada del combate de la criminalidad común, así como del control fronterizo, ejerce un importante rol de control ideológico a través de los *Kampfgruppen der*

---

112   *Ibíd,* pp. 52-53.

113   DÍEZ ESPINOSA, J. R, y MARTÍN DE LA GUARDIA. M. R; *op. cit,* p. 219.

114   La organización de las juventudes comunistas en la RDA fue prácticamente idéntica a la de las Juventudes Hitlerianas nacionalsocialistas, con los mismos ritos de iniciación y actos litúrgicos con velas y antorchas, cargados de simbología ideológica. Similitud que no pasó desapercibida para los alemanes, que bromeaban sobre el hecho de que ambas eran tan parecidas que sólo se distinguían por las pañoletas que se anudaban alrededor del cuello. Funder, A; *op. cit,* p. 205.

Arbeiterklasse (Grupos de Combate de la Clase Obrera) en las granjas y en las fábricas.

▸ El *Ministerium für Staatssicherheit* (MfS) o Ministerio para la Seguridad del Estado: la policía política secreta del régimen popularmente conocida como *Stasi*. Dirigida por el veterano comunista Erich Mielke desde 1957, se convierte en un «Estado dentro del Estado», una extensión del SED destinada a eliminar cualquier conato de disidencia y a encuadrar a la población. Se trata del auténtico poder sancionador y en la instancia penal definitiva, no sujeta al control de las leyes ordinarias ni de los tribunales. Tal y como se desprende de su normativa reguladora, *«al Ministerio de Seguridad del Estado se le confía el cometido de prevenir o eliminar desde su origen -empleando todos los medios que sean necesarios- todo intento de retrasar o entorpecer la victoria del socialismo».* Los medios previstos por Mielke comprenden la vigilancia masiva, el robo, el chantaje, la extorsión, el terrorismo y el asesinato. Esta actividad no se ejecuta tan sólo sobre todo el conjunto de la sociedad de la RDA, sino también sobre el SED, las Fuerzas Armadas, el resto de cuerpos policiales represores, la Administración estatal e incluso la propia *Stasi*.[115]

La RDA, en definitiva, toma forma como un Estado Totalitario que goza de una burocracia tan intrincada como servil, sancionada por unos órganos de represión muy eficaces que mantienen a la población bajo control, garantizan la paz social y atan en corto a la disidencia. Adoctrinamiento y represión son los dos pilares básicos sobre los que se apoya la dictadura del SED. A la población se la mantiene sometida por medio de un sistema simple pero efectivo de premios y castigos, dentro de una sensación colectiva de carencia de perspectivas de futuro y enteramente

---

115   FARALDO, J. M; *Las redes del terror. Las policías secretas comunistas y su legado,* Barcelona, 2018, pp, 125-129.

diluida en el sistema. Es lo que el representante permanente de la República Federal de Alemania en la RDA entre los años 1974 y 1981, Günter Gauss definió como «sociedad *nicho*», en la que el sujeto se repliega sobre sí mismo y se encierra en la esfera privada ante la impotencia que genera el inmovilismo y la carencia de libertades del Estado Totalitario. Razón por la cual la *Stasi* trata de extender sus tentáculos también a la esfera privada del individuo, que es algo que, desde la ideología marxista, se pretende combatir y destruir[116].

El individualismo es algo que Honecker tiene en su punto de mira, como el resto de sátrapas de Europa del Este dependientes de Moscú, durante todo su mandato. En sus *Notas de la cárcel,* escritas como su propio nombre indica ya desde prisión una vez que pierde el Poder, la principal crítica hacia la sociedad capitalista que realiza se centra en esto: *«Ésta afirma cada día un poco más el reino el 'yo' exacerbado que le sirve de principio de funcionamiento. Cada día se pierde un poco más del espíritu de la sociedad de la RDA fundado sobre el 'nosotros'. La nueva libertad tan vanagloriada libera al hombre en primer lugar, de su seguridad individual»*[117]. La «democracia socialista» es en Honecker (como en Marx, como en Lenin, como en Stalin y como en el resto de pensadores marxistas) una cuestión «de clase» y no de «libertad individual»: *«Hay que romper el velo de ese discurso supuestamente marxista-leninista que ensalza la democracia 'por encima de las clases'. No hay verdadera democracia allí donde los hombres que crean el valor no poseen los principales medios de producción. Allí donde funciona, la democracia burguesa no consiste más que en esos espacios de libertad que los trabajadores han podido arrancar al capital por sus luchas. El pueblo es amordazado allí donde el capital detenta el poder. Cualesquiera estructuras y mecanis-*

---

116   MARTÍN DE LA GUARDIA. M. R; *op. cit,* pp. 53-54.

117   HONECKER, E; *Notas de la cárcel,* Marxists Internet Archive, 2009. Disponible en:

https://www. marxists. org/espanol/honecker/1993/notas. htm

mos democráticos no cambian nada a este respecto»[118]. Con estos planteamientos se caracteriza la RDA en los años 80 como un exponente claro de lo que Honecker define como «*el socialismo realmente existente*», un sucedáneo de lo que el líder soviético Leonid Brézhnev entiende como «*socialismo desarrollado*». Una suerte de «socialismo paternalista» que, aunque mantiene un nivel de vida inferior al de Occidente, proporciona cierta seguridad y calidad de vida, aunque sea mínima, mitigando las diferencias sociales y económicas. Todo ello dentro de un sistema rígido, jerárquico y predecible[119].

En el fondo, la RDA es un Estado artificial, como bien saben Ulbricht, Honecker, Milke y el resto de dirigentes comunistas germano-orientales. La razón de su existencia es el reparto de entre los vencedores de un país derrotado tras un devastador conflicto bélico. A diferencia del resto de países comunistas de Europa del Este, la RDA no puede existir por sí misma como realidad nacional; es decir, Polonia, Hungría, Checoslovaquia, Rumanía o Bulgaria existían antes de la implantación del comunismo en ellas y podían seguir existiendo si el comunismo caía. Pero la República Democrática Alemana no. El SED y la RDA son la misma cosa. Y ambos se mantienen en pie exclusivamente gracias a la represión interior y al poyo diplomático, político y militar de la URSS. Por eso Alemania del Este nace, crece y muere siendo esclava de una mentalidad de asedio que se traslada a una política exterior inflexible, poco dada a hacer concesiones e implacable con las experiencias reformistas que tienen lugar en Hungría en el año 1956 y en Checoslovaquia en el año 1968[120]. Así, la RDA, como hija de la URSS que es, hereda también sus taras. Entre ellas una «mentalidad de combate» congénita, que en política interior se traduce en un agravamiento de la represión conforme más insegura se siente en el exterior. Este aspecto fue

---

118   *Ibíd.*

119   PRIESTLAND, D; *op. cit* p. 421.

120   ZARAGOZA, L; *Las flores y los tanques. Un regreso a la Primavera de Praga,* Madrid, 2018, pp. 79-80.

uno de los ingredientes más importantes en el desencadenamiento del Gran Terror en la Unión Soviética durante la etapa de Stalin y, aunque en la RDA no se llega a las ejecuciones masivas que caracterizaron este período, la psicología particular que lo impulsó se halla igualmente presente en el sistema político de Alemania Oriental[121].

Con todo, no deja de ser destacable la asunción tanto por los comunistas alemanes como por la propia población germano-oriental del papel dirigente de la URSS cuando el mismo Engels se había pronunciado a favor de la *guerra revolucionaria* contra Rusia, haciendo ostentación explícita de un odio —como se ha visto con anterioridad— contra este país, así como contra los pueblos eslavos homologable al predicado por los nacionalsocialistas. Así pues, ¿cómo es posible que en la RDA se esgrima una admiración y se exhiba un seguidismo tan intenso para con el «pueblo ruso»? La razón hay que buscarla en la naturaleza revolucionaria del propio Marxismo. El odio contra Rusia y los pueblos eslavos —entre otros— se ancla en la concepción como *contrarrevolucionarios* que se tiene de los mismos. Es el hecho de que sean el «germen» y «más duro baluarte de la contrarrevolución» lo que justifica su exterminio. Por lo que, una vez acontecida la revolución en Rusia en 1917 y edificada la Unión Soviética, los comunistas alemanes perciben a los rusos y a los pueblos eslavos pertenecientes al Estado Soviético como el ejemplo revolucionario a seguir, la representación del ideal utópico por el que se luchaba. Tanto es así que el que el KPD, el Partido Comunista de Alemania, se convierte en el «hermano menor» predilecto de los comunistas soviéticos, asimilando su estructura jerárquica y su disciplina interna. Su líder durante los años 20, Ernst Thälmann, era definido por la prensa del Partido como *unser Führer,* «nuestro guía», en una réplica de los comportamientos autoritarios bolcheviques que les acercó a sus adversarios nacionalsocialistas, dotándose al igual que éstos de uniformes y botas militares. De

---

121   Sobre este particular, véase Harris, J; *El Gran Miedo. Una nueva interpretación del terror en la revolución rusa,* Barcelona, 2017.

hecho, en algunas ocasiones los comunistas se aproximaron a los nacionalistas con el objetivo de captar votos de sectores socialistas pero no internacionalistas[122]. Llegándose incluso hasta la colaboración estrecha entre comunistas y nazis con el objetivo común de destruir el sistema democrático de Weimar[123].

Otro elemento fundamental para explicar esto radica en las políticas de *sovietización* impuestas en Alemania del Este tras el final de la Segunda Guerra Mundial. Tanto los ocupantes soviéticos como los comunistas autóctonos no perdieron el tiempo. Desarrollaron una labor política enérgica que cuajó en el contexto de la situación de penuria durante la Posguerra por el agotamiento de la población y la realidad de la ocupación militar soviética. La rápida transformación socioeconómica (nacionalización de la industria y de la banca, expropiación de la tierra, etc.) acontecida en el territorio de lo que después será la RDA altera notablemente la vida política alemana, mientras el SED (una vez yugulados los antiguos grupos de poder) reemplaza a las antiguas estructuras dominantes por su propio monopolio, del que el adoctrinamiento ideológico no es la menor de sus preocupaciones[124]. La política soviética, que incluyó por lo demás el saqueo sistemático de la economía, de las fábricas y, en definitiva, de la producción industrial de su zona de ocupación en Alemania, sustituyó la antigua lealtad nacionalsocialista por el nuevo «hermanamiento» con la Unión Soviética. A los antiguos nacionalsocialistas se les sometió a un programa intensivo de «reprogramación» ideológica sumamente efectivo, hasta tal punto que los alemanes orientales llegaron a considerarse *inocentes* del Nacionalsocialismo, ajenos al Tercer Reich y, en consecuencia, liberados de su responsabilidad histórica y social. Los nacionalsocialistas de ayer se reconvirtieron en los comunistas de hoy,

---

122   PRIESTLAND, D; *op. cit* pp. 139-141.

123   VALLE, A; *El aliento del lobo*, Madrid, 2024, p. 271.

124   FULBROOK, M; *op. cit,* pp. 287-289.

dispuestos a aceptar al «pueblo ruso» como referente y guía en la tarea de construir el Socialismo[125].

Cabe una cuestión final: ¿es la RDA un Estado soberano? El mismo Honecker reconoce en el escrito antes aludido la realidad que francamente le habían dado a entender los soviéticos en 1970 por boca de Brézhnev: sin URSS no hay RDA[126]. El Estado de Alemania del Este es una expresión de los intereses políticos de la Unión Soviética. Después de la Segunda Guerra Mundial, con la derrota militar del Tercer Reich, Alemania deja de existir como Estado soberano. Existe desde entonces la República Federal de Alemania, creada por los Aliados occidentales, y la República Democrática Alemana, creada por los soviéticos. Ninguna de las dos puede moverse en el escenario internacional de manera autónoma ni tiene capacidad por sí misma para definir su *statu quo,* su sistema político ni la posibilidad de una unificación. Tampoco tiene una política exterior independiente de las potencias que las apadrinan y a las cuales deben su existencia. De hecho, en tanto que la Ley Fundamental de Bonn es redactada y promulgada bajo ocupación de las potencias aliadas, jurídicamente no puede ser considerada como la expresión constituyente de un Estado soberano —la RFA— sino como una *carta otorgada* por los vencedores. Los cuales, pese a la entrada en vigor del texto constitucional, mantienen vigentes sus derechos sobre Alemania, a los que van renunciando con el paso de los años y en función de la evolución de la coyuntura internacional, pero que no alteran lo acordado Yalta y en Potsdam al final de la Segunda Guerra Mundial. De hecho, los ocupantes son, en términos jurídicos, los únicos competentes para negociar la cuestión de la unificación, así como de la firma definitiva de un Tratado de Paz[127].

Algo similar sucede con la RDA. Pues, aunque la URSS decide de manera unilateral reconocer la «independencia» de Ale-

125   FUNDER, A; *op. cit,* p. 201.

126   HONECKER, E; *op. cit.*

127   HILLERS DE LUQUE, S; *op. cit,* p. 217-228.

mania del Este como Estado por medio de dos instrumentos jurídicos (la Declaración de Soberanía de 25 de marzo de 1954 y el tratado subsiguiente sobre las relaciones entre ambos países de 20 de septiembre de 1955), la primera siempre se reservó los derechos como potencia vencedora y ocupante derivados de los acuerdos de Yalta y Potsdam. No en vano, en el artículo 2 de la Declaración de Soberanía se hace saber: *«La URSS mantiene en la República Democrática las funciones relacionadas con la garantía de la seguridad, derivadas de las obligaciones atribuidas a la URSS por los Acuerdos cuatripartitos».* Y en el apartado 5 del Preámbulo del acuerdo sobre las relaciones se constata que dicha «soberanía» se ejerce *«teniendo en cuenta las obligaciones que referentes a Alemania en su conjunto y según los Acuerdos internacionales afectan tanto a la DDR como a la Unión Soviética».* Lo mismo se reitera en el Tratado de Amistad, Ayuda mutua y Colaboración entre la RDA y la URSS, de 12 de junio de 1964. Esto es así puesto que la Unión Soviética no tiene capacidad jurídica para decidir unilateralmente sobre esta cuestión con efectos vinculantes al margen de los derechos que Yalta y Potsdam otorgan al resto de potencias ocupantes. Por lo tanto, la RDA no es nunca un Estado Soberano. Por más autonomía decisoria que la URSS quisiera otorgarle, una autonomía nunca equivale a una independencia. Con un grado de sujeción menor, aunque con efectos similares, la RFA se ve en la misma situación con respecto a Estados Unidos, el Reino Unido y la República Francesa.[128] Alemania no obtiene su plena soberanía como Estado libre e independiente hasta la firma el 12 de septiembre de 1990 del Tratado sobre el Reglamento definitivo de la Cuestión Alemana, por el que las cuatro potencias ocupantes (Estados Unidos, la Unión Soviética, el Reino Unido y Francia) renuncian a todos los poderes que sobre el país germano se habían reservado[129].

---

128   *Ibíd,* pp. 233-234.

129   DÍEZ ESPINOSA, J. R, y MARTÍN DE LA GUARDIA. M. R; *op. cit,* p. 271.

III

EL DERECHO AL SERVICIO DE LA GUERRA DE CLASES

1. La herencia del Derecho Nacionalsocialista

De la misma manera que el Estado de la RDA no germinó en el vacío, su Ordenamiento Jurídico tampoco lo hizo. Por el contrario, se nutrió de tres fuentes principales: 1) el Derecho Socialista de matriz soviética, 2) la Tradición Jurídica germana, en especial su Derecho Común y 3) aspectos funcionales del Derecho de la República Federal de Alemania[130]. Dentro de estas dos últimas fuentes es de donde se recogen los aspectos del Derecho Nacionalsocialista que perviven en la RDA. No debe olvidarse que tanto el Marxismo como el Nacionalsocialismo son manifestaciones de la ideología socialista, parentesco que no sólo no fue ocultado en ningún momento por los líderes nacionalsocialistas (aunque si la fuera, por motivos propagandísticos, por los comunistas), sino que fue publicitado de manera explícita por los mismos. Tanto el Fascismo como el Nacionalsocialismo se nutren de los aspectos que consideraron válidos del Marxismo para dar forma a su ideología y ponerla en práctica[131]. Así se expresa Josep Goebbels, Ministro de Propaganda del Tercer Reich, al respecto: *«Ser so-*

---

130   PÉREZ-ESPEJO MARTÍNEZ, S; *El Derecho Penal Administrativo en la República Democrática Alemana. Examen histórico-crítico,* Madrid, 1996, p. 96.

131   GEA CONGOSTO, P; *op. cit,* pp. 3-15.

cialista significa someter el Yo al Tú; socialismo significa sacrificar la personalidad individual al Todo» [132]. No tuvo tampoco inconveniente en ser paladinamente claro: *«El futuro es la dictadura de la idea socialista del Estado»* [133]. Llegó incluso al extremo de escribir una carta abierta *«a un amigo de la izquierda»* en la que declaró: *«Vosotros y yo nos combatimos sin ser enemigos, y de este modo no llegaremos nunca a nuestro objetivo»*[134]. No sólo él, sino que Ernst Röhm, dirigente de las *Sturmabteilung* (SA) nacionalsocialistas, los populares «camisas pardas», fue igualmente transparente: *«Muchas cosas nos separan de los comunistas, pero nosotros respetamos la sinceridad de sus convicciones y su voluntad de soportar sacrificios por su causa, y esto nos une a ellos»*[135]. En un discurso pronunciado en 1937, Adolf Hitler destacó en términos inequívocos que *«hay una diferencia entre el conocimiento teórico del socialismo y la virtud práctica del socialismo. Las personas no nacen socialistas, sino que ante todo hay que enseñarles cómo hacerse tales»*[136]. No es de extrañar, por cuanto Hitler había colaborado con el régimen comunista de la República Soviética de Baviera en sus diferentes encarnaciones tras la revolución que estalló en Alemania tras el fin de la Primera Guerra Mundial. Una participación que incluyó el activismo político, el trabajo en actividades a su favor y la obtención de cargos de representación[137]. Tanto es así que un antiguo compañero de Hitler en su regimiento durante la Primera Guerra Mundial, uno de sus ayudantes personales y cónsul general en San Francisco (EEUU), Fritz Wiedemann no dudó en reconocer que el bolchevismo y el nacionalsocialismo son en esencia lo mismo, con la única salvedad de que el bolchevismo es internacionalista y el nacionalso-

---

132   Pellicani, L; *op. cit,* p. 112.

133   *Ibíd,* p. 90.

134   *Ibíd,* p. 89.

135   *Ibíd.*

136   *Ibíd,* p. 51.

137   WEBER, T; *op. cit,* pp. 61-112.

cialismo nacionalista. Señaló a Hitler, además, como el fundador del bolchevismo en Alemania[138].

Pese a la retórica oficial, no fue difícil que la producción jurídica de un régimen comunista como es el de la RDA pueda incorporar elementos de la producción jurídica de Tercer Reich. El Derecho Nacionalsocialista es concebido, como en el caso del Marxismo, como algo *disponible*, supeditado a la consecución de los objetivos revolucionarios y a la creación de un «nuevo hombre». Un instrumento en el proceso de la construcción de la *Volksgemeinschaft* o «Comunidad Popular» preconizada por el nacionalsocialismo, que precisamente por eso repudia de la Ilustración y del Liberalismo. En consecuencia, las garantías jurídicas inherentes al orden jurídico liberal son eliminadas, conceptualizadas como un obstáculo a la disolución del individuo dentro de la colectividad nacional. Colectividad nacional cuyo baremo de exclusión no se basa en la *clase económica* sino en la *clase racial*. De esta manera, en el Derecho Nacionalsocialista el elemento racial se funde con el Irracionalismo anti-positivista, renunciando en su confección al Principio de Legalidad y al de No Retroactividad, siendo atacados con virulencia los Derechos Subjetivos y la noción de Persona Jurídica, así como el Derecho Privado (Civil y Mercantil) y cualquier planteamiento cercano a la Separación de Poderes. La Legalidad Formal se identifica como algo opuesto a la Justicia, la cual se vincula con la «voluntad del Führer» y con la cosmovisión de la *Volksgemeinschaft*. Ello da lugar a un sistema jurídico en el que se diluye el Bien Jurídico, se difuminan los límites del Derecho y se abre paso a una dinámica jurídico-legal caracterizada por las «reacciones de hecho», en la que la actuación de las autoridades y funcionarios rebasa lo previsto en la legislación formal *positivada* para consagrarse en la actuación *en aras del Führer*[139].

---

138 WEBER, T; *La primera guerra de Hitler,* Madrid, 2012, pp. 360-361.

139 GEA CONGOSTO, P; *op. cit,* pp. 42-43.

Por tanto, en el Derecho Público Nacionalsocialista, como en el Derecho del Tercer Reich en su conjunto, el Principio de Legalidad queda sustituido por la voluntad omnímoda del Führer. De esta manera, el *Estado de Derecho* deja paso al *Estado del Führer,* en el que el sujeto queda supeditado a la consecución del ideal colectivo. En el Estado del Führer no caben ni derechos fundamentales ni libertades personales, en tanto que se los concibe como piedras en el camino en el desempeño de las funciones de la Administración Pública, del Estado, que es expresivo de la «Comunidad Popular» cuya *voluntad* encarna el Führer[140]. Se entiende así que el Derecho esté caracterizado por los principios de *Unidad* y de *Totalidad,* confirmando la naturaleza intervencionista de la Administración Pública y del Derecho que regula su actuación. Este Derecho es intervencionista porque su intervención representa la «función Ética» del Estado, que no deja al individuo a su libre albedrío, sino que, por el contrario, interviene sobre él para materializar la visión y los valores de la «Comunidad Popular». El auténtico sujeto de este Derecho es el *Volk,* el Pueblo, para proteger al cual el Derecho interviene severamente, rompiendo así con la lógica liberal de una intervención estricta y necesaria para proteger la seguridad jurídica y la observancia de lo previsto en las normas. De esta forma, en el Estado Nacionalsocialista nada es Privado y todo es Público. Y aunque la Administración actúa con arbitrariedad, ello es admisible siempre y cuando lo haga dentro de los límites ideológicos trazados por el nacionalsocialismo y en pos de la consecución de la *Volksgemeinschaft*[141].

Lo mismo sucede con el Derecho Penal. Desde los primeros momentos se asume la criminalidad como un indicador de que el sujeto ha degenerado, separándose así de la «Comunidad

---

140 ESTEVE PARDO, J; *La doctrina alemana del Derecho Público durante el régimen nacionalsocialista* en *Revista Española de Derecho Constitucional Año 23. Núm. 67. Enero-Abril 2003,* pp. 177-178.

141 RIVAYA, B; *La revolución jurídica del fascismo alemán* en *Boletín de la Facultad de Derecho, núm. 19, 2002 (Oviedo),* p. 414-415.

Popular», razón por la cual el Derecho Penal no reacciona ante los hechos, ante un comportamiento exteriorizado y susceptible de ser englobado dentro del Tipo Objetivo y del Tipo Subjetivo de un Delito debidamente codificado, sino ante la necesidad imperiosa de extirpar a este sujeto de la sociedad para que su influencia perniciosa no la contamine. Por lo tanto, se actúa ante la *peligrosidad inherente* al sujeto para la comunidad a la vez que se le castiga por la *violación del deber* para con la misma[142]. El énfasis preventista viene a confirmar el Derecho Penal Nacionalsocialista como una manifestación del Comunitarismo, en tanto que es la Comunidad el único espacio donde el individuo puede moverse y desempeñarse, dotándose de sentido a sí mismo y forjando su identidad al subsumirse dentro de la identidad colectiva comunitaria. Es por eso que el Delito se concibe como un obstáculo en el desarrollo de la «Comunidad Popular», al entenderse que el delincuente transgrede el Orden Moral al violar los preceptos legales. Se da a sí una fusión entre *Moral Comunitaria* y *Ordenamiento Jurídico*, rompiéndose la distinción entre los deberes jurídicos y los deberes morales y formulándose una suerte de Tipo Subjetivo común a todos los delitos (el ataque a los valores de la comunidad) a la vez que se disuelve, se diluye, el Tipo Objetivo. Por todo lo antedicho es correcto calificar al Derecho Penal Nacionalsocialista como un Derecho Penal de la Voluntad, un Derecho Penal Ético en el que lo importante no es la redacción formal de los tipos penales ni la correcta delimitación de los mismos, sino si el sujeto que delinque se sitúa o no dentro de la *Volksgemeinschaft*[143].

Al delinquir el individuo se *separa* de la Comunidad al atentar contra sus valores, constituyendo entonces el Derecho Penal (como todo el Derecho en sí) el instrumento necesario para, o bien para eliminar al delincuente del tejido social, o resocializarle de cara a reintegrarlo de nuevo en su seno, razón por la cual se

---

142   VORMBAUM, T; *Historia Moderna del Derecho Penal Alemán,* Valencia, 2018, pp. 287-288.

143   GEA CONGOSTO, P; *op. cit,* pp. 48-49.

incorporan normas dirigidas a la Prevención Especial Positiva.[144] Ello no obsta para que el enfoque primordial de este Derecho Penal moralizante pivote, como todo Derecho Penal de naturaleza comunitarista, sobre la Prevención General Positiva, es decir, sobre el restablecimiento de la confianza de la sociedad en el Derecho; con la particularidad de que en el caso del Nacionalsocialismo no se trata de re-forjar la confianza social en el Derecho *per se*, sino en la «Comunidad Popular» y en la capacidad de sus líderes —sumos intérpretes de la «conciencia popular»— para tutelar el bien jurídico *total* o *absoluto* y, en consecuencia, extirpar quirúrgicamente los elementos dañinos del cuerpo social, requisito indispensable para que este pueda mantenerse «sano»[145].

La hostilidad hacia el Derecho Romano anclada en el rechazo de la importancia que este cuerpo jurídico otorga al Derecho Privado y a los intereses del individuo al margen de —y sobre— la Comunidad y a la imposición de un formalismo legal abstracto que se percibe como contrario a las esencias místicas del paganismo nórdico pre-romano impregna todo el Ordenamiento Jurídico del Tercer Reich así como todos los conceptos jurídicos que se operan[146]. Lógicamente, esto carbura los motores de un Derecho Penal que rehúye los conceptos más básicos de la tradición jurídica ilustrada y liberal, rechazando todo límite a los marcos punitivos y diseñando un sistema jurídico exclusivamente dirigido a garantizar el ejercicio del Poder por el Führer y los líderes nacionalsocialistas. Los presupuestos erigidos por el Partido Nacionalsocialista impregnan los principios del Derecho Penal hasta convertirlo en un instrumento de represión, exter-

---

144   *Ibíd,* p. 69.

145   CATTANEO, MARIO A; *Carl Schmitt y Roland Freisler: La doctrina penal del Nacional-Socialismo* en *Homenaje al dr. Marino Barbero Santos: 'in memorian' / coord. por Luis Alberto Arroyo Zapatero, Ignacio Berdugo Gómez de la Torre; Marino Barbero Santos (hom.), Vol. 1, 2001, ISBN 84-8427-139-0, págs. 145-152,* p. 151-152.

146   CHAPOUPOTOT, J; *La revolución cultural nazi,* Madrid, 2018, pp. 55 y ss.

minio y aniquilación de las categorías de sujetos «extrañas a la comunidad». En coherencia con ello, el Derecho Penal se dota de los caracteres necesarios para poder *disponer libremente* de la vida de los individuos, en lo que constituye una versión extrema, exclusivista y excluyente del Derecho Penal de Autor. El Derecho Formal es puramente residual, en el sentido de que, por muy acabada que pudiera ser la redacción de los tipos y de las normas (piénsese, por ejemplo, en las procesales), el anti-positivismo de la filosofía del Derecho nacionalsocialista siempre les reserva un lugar subsidiario y esencialmente instrumental, optándose por las *vías de hecho* sin limitación legal alguna[147].

Así, el anti-formalismo se justifica por el propósito del Derecho Penal de investigar las *intenciones dañinas* de la persona para con la Comunidad, en un planteamiento jurídico que ya se había abierto paso durante la República de Weimar. La descripción formal de estos comportamientos tan sólo goza de importancia en la medida en que ello sea útil para percibir la *auténtica* disposición del individuo en contra de la sociedad. Quiere esto decir que, en el Derecho Penal Nacionalsocialista, estamos ante un concepto *material* del delito y no *formal*. Muestra de lo cual es la casi completa ausencia de guías para la construcción de los tipos penales, más allá de la apelación tan genérica como abstracta al *sano sentimiento del pueblo*, tal y como queda configurada en la Reforma del Código Penal operada en 1935. Claramente el operador jurídico encargado de aplicar la ley no se siente sujeto a la misma, antes al contrario, se sitúa en un escenario en el que se halla liberado de la misma, abriéndose la puerta a la arbitrariedad y al abuso que, en tanto que se emplean como medios para construir y salvaguardar la «Comunidad Popular», no sólo no son sancionados sino que son permitidos y valorados positivamente por los líderes. Pues tres son los vectores que guían el trayecto de la legislación penal nacionalsocialista: 1) Incremento penal para la Tentativa, siendo su atenuación de carácter meramen-

---

147   LLOBET RODRÍGUEZ, J; *Nacionalsocialismo y antigarantismo penal (1933-1945),* Valencia, 2018, pp. 152-154.

te facultativo, 2) Aumento de la punibilidad hacia los actos de participación en el delito, y 3) Anticipación de dicha barrera de punibilidad hacia los actos preparatorios de las conductas identificadas como peligrosas para la Comunidad[148].

Las «reacciones de hecho» cobran especial importancia a la hora de *sancionar* a los incumplidores. Tarea que recae de manera residual en la Administración de Justicia y de manera principal en la *Geheime Staatspolizei* o Policía Secreta del Estado, más conocida como *Gestapo*. Al igual que su sucesora, la *Stasi*, el cometido de la *Gestapo* es la eliminación de los enemigos reales o potenciales del Estado Nacionalsocialista, así como el control de la población por medio del terror. La Ley básica de la *Geheime Staatspolizei* de 10 de febrero de 1936 recoge en su artículo 1 como sus principales cometidos *«investigar y luchar contra todos los esfuerzos peligrosos en el conjunto del área del Estado, recoger y evaluar el resultado de los informes, para ilustrar al gobierno del Estado y poner al tanto al resto de autoridades sobre las principales investigaciones [...]»*[149]. Tras la absorción de la Policía Criminal, los delitos comunes quedan también bajo su competencia, conformándose así un cuerpo policial cuyas actuaciones no están sujetas a la jurisdicción de los Tribunales Administrativos ni de ningún tribunal ordinario, pudiendo desempeñarse por tanto sin ninguna restricción jurídico-formal. Las actividades de la policía secreta incluyen tanto la *reclusión policial de protección* o *Schutzhaft* (dirigida a los opositores políticos, los cuales pueden ser detenidos y mantenidos bajo custodia sin la atribución de delito alguno) como la *reclusión preventiva policial* o *Vorbeugungshaft* (que implica la detención y reclusión de «asociales», sujetos «peligrosos para la comunidad», delincuentes con antecedentes penales, gitanos, mendigos, vagos, maleantes, homosexuales y prostitutas). No sólo eso, sino que a la *Gestapo* se le atribuye la Administración de los Campos de Concentración, así como la

---

148   VORMBAUM, T; *op. cit*, pp. 287-289.

149   VILCHES AGÜERA, S; *Breve historia de la Gestapo,* Madrid, 2016, pp. 103-104.

ejecución sin juicio por la comisión de delitos. El punto álgido llega cuando, a partir de 1937, la policía política comienza a alterar las resoluciones de los Tribunales de Justicia, de manera que las absoluciones no significan absolutamente nada cuando la policía procede a detener y a internar al sujeto al margen de que quedara judicialmente libre de culpa o se considerara que no debía ser sancionado, lo que ya queda patente en la constatable intervención policial en la investigación de los delitos y en la instrucción de los procesos[150].

La dualidad entre la Policía y la Justicia se mantiene durante toda la etapa del Tercer Reich, si bien se produce una colaboración intensa entre ambas, la cual se materializa en la transferencia de los presos de los tribunales a la policía y a los campos de concentración e internamiento antes del cumplimiento efectivo de las penas. Lo que no debe extrañar por cuanto el Derecho Procesal-Penal durante el Nacionalsocialismo contempla la *transferencia* del Poder Judicial al Poder Ejecutivo por vía de la atribución al Ministerio de Justicia del control de la ejecución de las penas, en una profundización mayor del desmantelamiento de las garantías del delincuente o del infractor. Tanto es así que se prevé un Recurso Extraordinario y un Recurso de Nulidad con el objetivo de invalidar las sentencias no conformes con los designios o la opinión del Estado.[151] Los Principios básicos del Derecho Procesal-Penal Nacionalsocialista suponen, como los del Derecho Penal sustantivo, una muestra más de su carácter comunitarista y totalizador. Además del anti-formalismo al que ya se ha aludido, anida en él una decidida restricción de los derechos del investigado, así como una agilización del proceso en pos de una condena rápida y fulminante[152]. Dicha celeridad se concreta en la eliminación del auto de apertura y de las diligen-

---

150   LLOBET RODRÍGUEZ, J; *op. cit*, pp. 131-145.

151   VORMBAUM, T; *op. cit*, pp. 333-336. Si bien las sentencias que fueron «cuestionadas» por el Estado constituyeron casos excepcionales.

152   LLOBET RODRÍGUEZ, J; *op. cit*, p. 359.

cias sumariales, la reducción de las medidas de protocolización obligatorias y la ausencia de recursos de apelación[153].

Todo lo cual no es posible sin un fortalecimiento de la figura del Juez o Presidente del Tribunal que, en aplicación del *Principio del Führer,* concentra el peso de las decisiones en su persona;[154] lo que da lugar a fallos en ocasiones extremadamente duros tanto en la Jurisdicción Ordinaria como en la Militar que, a veces, dan lugar al cuestionamiento de dichos tribunales por el mismo Partido Nacionalsocialista,[155] especialmente atendiendo a la extrema discreción judicial y a la elevada cantidad de condenas a penas de muerte[156]. Junto a esto, se fortalece también la posición del Ministerio Público en detrimento de la posición del investigado, rompiendo así con el Principio de Igualdad de Armas, algo especialmente patente en la jurisdicción de los Tribunales Especiales[157]. Ello lleva, coherentemente, romper de igual manera con el resto de principios del Derecho Procesal-Penal garantista, expresión máxima del cual lo constituye la Presunción de Inocencia, también yugulado por el nacionalsocialismo: el imputado debe «limpiar su honor» frente a la Comunidad[158]. El

---

153   VORMBAUM, T; *op. cit*, pp. 297-298.

154   LLOBET RODRÍGUEZ, J; *op. cit*, p. 375.

155   En el Tercer Reich la fusión entre el Estado y el Partido no llegó a producirse al nivel en que tuvo lugar en la RDA y en el resto de los Estados comunistas, incluyendo a la Unión Soviética. Esto quiere decir que no funcionó como un totalitarismo «acabado», sino más bien como una Poliarquía Neofeudal en la que los diferentes portadores de poder (entre ellos el NSDAP) debían competir entre sí por hacerse con su parcela de influencia bajo la égida del Führer. Por lo tanto, en la Alemania Nacionalsocialista el Partido no ostenta el Poder como en la RDA o la URSS, sino que compite por él como otra fuerza más en liza. El auténtico poder lo ostenta (dada la inexistencia de un Gobierno coherente y racional —como sí existe, en cierta media, en los Estados comunistas— y el extremo personalismo de su ejercicio) Adolf Hitler. HÜTTENBERGER, P; *Policracia nacionalsocialista* en J. J. Carreras Ares, ed. El Estado Alemán (1870-1992), Madrid, 1992, pp. 159 y ss.

156   VORMBAUM, T; *op. cit*, pp. 326-329.

157   LLOBET RODRÍGUEZ, J; *op. cit*, p. 379.

158   *Ibíd,* p. 393.

menoscabo de su capacidad de prueba coloca buenas trabas en el desempeño del abogado defensor, cuyo cometido no es pelear por las pretensiones de su defendido y no digamos ya velar por sus garantías jurídicas, sino que tan sólo debe proceder a la defensa de los intereses de su cliente en tanto que estos sean compatibles con los intereses del Estado.[159] El ataque a los principios de Proporcionalidad y *Ne bis in ídem* confirma, en la práctica real, una prevalencia del Principio de Oportunidad frente al Principio de Legalidad, persiguiéndose la sustracción a la acción de la justicia de los sujetos partidarios del nacionalsocialismo cuyas conductas se consideren delictivas *formalmente* pero que, en tanto que encaminadas a materializar y beneficiar a la *Volksgemeinschaft*, el Estado no entiende que deban ser punibles[160].

Como se puede comprobar, en el Derecho Penal Nacionalsocialista los bienes jurídicos individuales se sustituyen por bienes jurídicos subjetivos o, por mejor decir y en coherencia con lo expuesto más arriba, por un único bien jurídico general: la «Comunidad Popular». Igualmente, al reemplazar el pensamiento analítico y racional por la comprensión total y *totalizadora* se allana el camino hacia la subjetivización del injusto y la imposición —como se ha dicho— de un concepto *material* del delito frente a la legalidad *formal*.[161] Puede definirse perfectamente como un *Derecho Penal de la Voluntad*, en el que se recurre a la Analogía para rellenar las lagunas de punibilidad provocadas por el anti-formalismo que impide, de hecho, la creación de tipos penales correctamente caracterizados y, por ello, delimitados. Este anti-formalismo se ve «compensado» por la extrema importancia que se le da al *autor* en el Derecho Penal Nacionalsocialista, negándose la separación entre las esferas jurídica y político-criminal, lo que tiene como consecuencia una punibilidad limitada para el sujeto que, aun habiendo cometido el delito «formalmen-

---

159   *Ibíd,* pp. 397-399.

160   *Ibíd,* pp. 386, 404-405 y 409-410.

161   HOYER, A; *Ciencia del Derecho penal y nacionalsocialismo* en *Revista Penal, n. º 23. —Enero 2009*, pp. 41-45.

te», no se corresponde con el tipo de autor que se prevé para ello.[162] Es lo que se conoce como la Teoría de los Tipos Normativos de Autor, basada en la negación de la separación entre la Tipicidad y la Antijuridicidad —efectuada por Georg Dahm—, y la que existe entre la Antijuridicidad y la Culpabilidad —tal y como expone Friedrich Schaffstein—; y que entiende que no es suficiente con que la conducta delictiva esté prevista legalmente en un tipo penal determinado, sino que es necesario además que el sujeto en cuestión case con el *tipo* o la *clase* de autor que se prevé para esos delitos. Por lo que se excluye, así, a quienes guiados por la «conciencia nacionalsocialista» desarrollen comportamientos que casen con lo establecido en el Tipo Objetivo del precepto penal que regula el Delito, sea cual fuere[163].

No se trata de lograr una seguridad jurídica *formal,* sino una seguridad jurídica *material* en tanto que esta es la concepción del delito del Nacionalsocialismo. Para dictaminar si está ante un tipo normativo de autor es necesario acudir a la ideología nacionalsocialista y al *sano sentimiento del pueblo*, en contraposición clara al Derecho Penal del Acto, cuyos componentes irrenunciables son el Principio de Legalidad y las garantías jurídicas del individuo.[164] No puede ser de otra manera dado que el fundamento de la Pena está en la *infracción del deber* para con la comunidad, que se superpone a la noción misma de Bien Jurídico. Esta *infracción del deber* opera en la práctica como una *infracción moral*, fruto de la «etización» del Derecho Penal durante el Tercer Reich[165]. Teniendo esto en cuenta, no es desacertado conceptualizar el Derecho Nacionalsocialista en su conjunto (y especialmente el Derecho Penal y sus principios que se trasladan al Derecho Administrativo Sancionador) como un No-Derecho, dado que repele y es furibundamente hostil a las formalidades

---

162   VORMBAUM, T; *op. cit*, pp. 290-291.

163   GEA CONGOSTO, P; *op. cit,* pp. 50-52.

164   LLOBET RODRÍGUEZ, J; *op. cit*, pp. 221-226.

165   HOYER, A; *op. cit,* pp. 45-51.

que imperan en la confección y aplicación de las normas jurídicas.[166] Una muestra más de ello es la proliferación de legislación penal paralela a lo previsto en el Código Penal y en las normas reguladoras del Derecho Procesal-Penal, cuyo exponente más claro es la Ley para la Protección de la Sangre y el Honor Alemanes, de 15 de septiembre de 1935, que sanciona los matrimonios entre «judíos» y personas de «sangre alemana», así como las relaciones sexuales extramatrimoniales entre ambos[167].

La expresión máxima, por otra parte, del comunitarismo nacionalsocialista la representan la proliferación de Delitos de Peligro Abstracto, en los que más que en ningún otro caso se disuelve el bien jurídico, de manera que el individuo deja de contar con un baremo fiable al que sujetarse a la hora de valorar si su conducta está o no sujeta a lo previsto en las leyes. Por el contrario, la «puesta en riesgo» de la visión comunitaria traducida en la *peligrosidad* del sujeto para la «Comunidad Popular» le convierte en una entidad separada de la misma, del *demos* común. El Tipo Subjetivo global se extiende a todos los tipos penales y se concreta en el *ánimo* o el *deseo* del individuo de dañar o separarse de la Comunidad Total. Por ello, el Derecho Penal Nacionalsocialista debe ser entendido también como un Derecho Penal del Pensamiento, en tanto que es la *intención* del presunto delincuente lo que marca la diferencia entre que su conducta sea calificada como antijurídica o no. Como ya se ha expuesto, comportamientos que, según las leyes formales, pueden ser calificados como delictivos, no lo son si el autor actúa guiado por el «sano sentimiento del pueblo», la «conciencia nacionalsocialista», la «voluntad del Führer».[168] Pues es la voluntad del líder supremo, Adolf Hitler, la principal fuente del Derecho, la auténtica Constitución del Tercer Reich, el juicio último e inapelable de lo que está bien y mal, una voluntad absoluta no sujeta ni a la Ley ni a la historia,

---

166   GARCÍA AMADO, J. A; *Nazismo, Derecho y Filosofía del Derecho* en *Anuario de Filosofía del Derecho VIII (1991) 341-364*, pp. 351-360.

167   VORMBAUM, T; *op. cit*, pp. 303-304.

168   GEA CONGOSTO, P; *op. cit,* pp. 93-95.

carente de construcciones parlamentarias e ilimitada, canalizada a través de las diferentes instituciones que operan en el Estado, en la que el Partido Nacionalsocialista es un instrumento más[169].

La visión del Estado de Hitler determina la naturaleza del Derecho Público y repercute directamente tanto sobre el Derecho Penal como sobre el Derecho Administrativo, dado que para él no es más que un medio para un fin, un mero recipiente vehicular para la consecución de la comunidad homogénea nacionalsocialista, razón por la cual la forma, la estructura y la organización carecen de importancia. Ello no sólo da lugar a que nunca se resuelva la dualidad entre Partido y Estado, sino a que se produzcan contradicciones, duplicidades y solapamientos competenciales entre las diferentes administraciones y los distintos portadores de poder, las cuales fueron acogidas por agrado por el Führer, receloso de cualquier legalidad formal que pudiera constreñir su voluntad sin cortapisas. Voluntad que se traduce en decisiones que, a su vez, son canalizadas por las instancias de poder, fomentándose el *trabajo en aras del Führer*. Este funcionamiento del Estado erosiona rápidamente la maquinaria racional de gobierno, dando lugar a una «selva darwinista» en la que los funcionarios, los activistas, los técnicos, los grupos de poder y los individuos ambiciosos ponen en marcha políticas y crean leyes según lo que estiman que es la «voluntad del Führer» y que está dentro del «sano sentimiento del pueblo» por sí mismos, recibiendo posteriormente sanción desde arriba y sujetándose apenas a traba administrativa alguna[170].

En definitiva, los rasgos esenciales del Derecho Penal Nacionalsocialista pueden concretarse, principalmente, en la existencia de un Bien Jurídico de carácter absoluto, tal es el *sano sentimiento del pueblo*, situándose la lesión del deber para con la «Comunidad Popular» con el elemento matriz del injusto penal, lo que

---

169   LOZANO, A; *La Alemania Nazi (1933-1945)*, Madrid, 2011, pp. 92-93.
170   KERSHAW, I; *Hitler. La biografía definitiva*, Barcelona, 2010, pp. 435-479.

a su vez deriva en el rechazo del Principio de Legalidad y en la vaguedad de los tipos penales, recurriendo de forma frecuente a la Analogía. El rechazo de la Antijuridicidad Formal se relaciona *íntimamente* con el concepto material del delito y, en fin, con la Justicia Material. Por ello no es en nada extraño que la legislación nacionalsocialista esté salpicada de retroactividad penal. Se trata de criminalizar el *pensamiento*, el *ánimo*, la *voluntad*, creándose un Tipo Subjetivo global y general a la vez que se menoscaba el Tipo Objetivo del delito o se lo reduce a la irrelevancia. De esta manera, se considera que un hecho es delictivo cuando quien lo ejecuta lo hace guiado por el «sano sentimiento del pueblo» o la «voluntad del Führer», en pos de la consecuci*ón y mejora de la Volksgemeinschaft*; y siempre que dicho sujeto no pertenezca a alguno de los grupos o categorías excluidas de ésta[171].

Estos principios son los mismos que nutren el funcionamiento de la administración del Tercer Reich. Tanto es así que incluso en 1941, ya durante la etapa bélica, se crea el Tribunal Administrativo Nacional que había sido previsto en la Constitución de la República de Weimar, expandiéndose el rol del Estado más allá de su función tradicional de *policía* para asumir una posición como prestador de servicios de interés general o *Daseinsvorsorge* pero que a la vez destruye y menoscaba el Derecho Público Subjetivo, percibido como un remante liberal del que hay que sustraerse[172].

Algunos de los aspectos analizados del Derecho Penal Nacionalsocialista —en especial en lo que atañe a sus principios— se mantendrán en la legislación penal tanto en la República Democrática Alemana como en la República Federal de Alemania, a pesar de la diferencia existente entre ambos modelos político-jurídicos. En algunos casos debido a la naturaleza funcional de algunas normas jurídicas, que las hace «adaptables» al nuevo

---

171   GEA CONGOSTO, P; *op. cit,* pp. 96-97.

172   HARTWIG, M; *Pasado, presente y futuro del Derecho Público en Alemania* en *Revista catalana de dret públic, núm. 41,* 2010, pp. 9-10.

ordenamiento jurídico, y en otros, pese a su derogación oficial, por la resurrección de su contenido o de otro muy similar transmutado en una nueva legislación pasada por el tamiz de una nueva doctrina ideológica. Debe tenerse en cuenta que los dos estados alemanes que surgen de las cenizas de la derrota militar del Tercer Reich están conformados por los mismos alemanes que han constituido la población del Tercer Reich. Desde el primer momento queda claro para los vencedores que el Nacionalsocialismo goza de una aceptación generalizada innegable entre la población de entonces, razón por la que, más allá de los juicios a las altas autoridades nacionalsocialistas y de la purga de elementos especialmente señalados, incómodos o responsables de crímenes notorios, no se producen «ajustes de cuentas» ni «linchamientos» en la Alemania de Posguerra[173]. E incluso, ya durante los años cincuenta, en la República Federal de Alemania, antiguos miembros de las SS y la *Gestapo* son beneficiarios de indultos y reintegrados en la Administración, como tamb*ién lo* son antiguos miembros del NSDAP (muchos de los cuales continúan en la carrera judicial)[174]. Como ya se ha visto, en la RDA se llega a diseñar un partido-pantalla para integrar a antiguos nacionalsocialistas dentro del nuevo sistema, integración que incluye a antiguos miembros de la *Gestapo,* que pasan a formar parte de la nueva policía política del régimen comunista, la *Stasi*[175]. Según las investigaciones, fueron identificados cientos de ciudadanos de la RDA que habían sido integrantes de los órganos represivos del Tercer Reich, incluyendo las *SS* y la *Gestapo*, que además habían participados en las masacres perpetradas en Europa del

---

173   Encuestas efectuadas en los años inmediatos de la Posguerra ilustran este aspecto: sobre el 40% de la población alemana veía con buenos ojos el período del Nacionalsocialismo. Otra encuesta, esta vez del año 1971, refleja como opinión mayoritaria de los alemanes aquella por la cual el Nacionalsocialismo había sido una buena idea mal aplicada. FUNDER, A; *op. cit,* p. 158.

174   AMBOS, K y MEYER-ABICH, N; *La superación jurídico-penal de las injusticias y actos antijurídicos nacionalsocialistas y realsocialistas en Alemania* en *Revista Penal, n. °24. —Julio 2009,* p. 11.

175   VILCHES AGÜERA, S; *op. cit,* pp. 281-283.

Este. Algunos de ellos plenamente integrados en el seno de la sociedad socialista. Entre los antiguos nazis reclutados por la *Stasi* se encuentran nombres como el del *SS* Hans Sommer, jefe de inteligencia en Niza y Marsella; el *Gestapo* Josef Settnik, torturador de prisioneros en Auschwitz; o Willy Läritz, que había interrogado con brutalidad a comunistas alemanes durante los años treinta[176].

Se trata ésta de una realidad que no puede sorprender a nadie, pues ya desde el año 1936 se vino produciendo la colaboración entre la Alemania nazi y la Unión Soviética. En el contexto de las purgas estalinistas, futuros dirigentes de la RDA, como Wilhelm Pieck, dirigieron la redacción de las *Kaderlisten*, de las que se sirvieron para expulsar de la URSS a comunistas alemanes exiliados del Tercer Reich o purgados por el aparato soviético. El destino de estas personas varió desde la ejecución hasta la deportación, pasando propiamente por la expulsión y entrega a las autoridades nacionalsocialistas. Acusados de *«actividades fascistas»*, en 1937 los soviéticos deciden expulsar de su territorio a los residentes alemanes. Hasta tal punto llegó el entendimiento entre los gobiernos alemán y soviético que el embajador germano Friedrich-Werner Graf von der Schulenburg remitió a los soviéticos varias listas con los nombres de los alemanes cuya entrega se requería, la mayoría de los cuales fueron entregados a la *Gestapo*. Un evidente precedente el Pacto Germano-Soviético de agosto de 1939, pues tras la partición de Polonia y durante los dos años en los que Hitler y Stalin fueron aliados, cientos de comunistas alemanes fueron entregados por los soviéticos a los nazis. La cuestión llegó tan lejos que incluso el *KPP* (Partido Comunista Polaco) fue eliminado por decisión soviética en vistas de firmar los acuerdos con Alemania[177]. Las dos policías políticas, la *Gestapo* y el *NKVD* colaboraron incluso en la detención e intercambio de los judíos que huyeron a la Unión Soviética escapando de

---

176   VALLE, A; *op. cit,* pp. 109-130.

177   VV. AA; *op. cit,* pp. 398-403.

la persecución alemana, muchos de los cuales languidecieron en tierra de nadie ante la negativa soviética de acogerlos en su territorio una vez destruida Polonia[178].

Existe, pues, una continuidad de personal entre las diferentes etapas históricas, políticas y jurídicas, como efectivamente sucede entre el período de la República de Weimar y el régimen Nacionalsocialista, lo que a su vez —con toda lógica— se traduce en una continuidad jurídica.[179] Una continuidad jurídica que ha generado elementos jurídico-legales que son compatibles, además, con el ordenamiento jurídico actual[180].

2. Neutralizar al Enemigo: fundamentos del Derecho Penal Totalitario en la RDA

Tras la derrota de la Alemania Nacionalsocialista en 1945, el Consejo de Control aliado desecha la idea de eliminar completamente y en bloque todas las normas jurídicas elaboradas por o aprobadas durante el Tercer Reich. Se opta, eso sí, por extirpar algunas de ellas, *sólo una parte*, consideradas específicamente nacionalsocialistas, tales como aquellas que proscriben los partidos políticos, implican un importante contenido discriminatorio por motivos raciales o sustentan el Ordenamiento Jurídico paralelo de la dictadura nacionalsocialista (la ley que otorga plenos poderes al Canciller, la que consagra el monopolio del NSDAP o las que edifican el desempeño de la policía política). Igualmente, las penas de muerte previstas desde que los nacionalsocialistas toman el poder dejan de ser aplicadas, y se eliminan del Derecho

---

178   *Ibíd,* pp. 419-423.

179   VORMBAUM, T; *El Derecho penal nacionalsocialista* en *Revista Penal México. núm. 10, marzo-agosto de 2016,* pp. 240-243.

180   MATUS ACUNA, J. P; *Nacionalsocialismo y derecho penal. Apuntes sobre el caso de H. Welzel. Un homenaje tardío a Joachim Vogel* en *El derecho penal de la posguerra / Juan Carlos Ferré Olivé (dir.), 2016, ISBN 978-84-9086-751-8, págs. 255-268,* p. 627-628.

Privado así como del Derecho Público aquellos elementos jurídicos discriminatorios, racistas o nacionalsocializantes, manteniéndose, en cambio, los que a nivel funcional sí se estiman aptos para seguir operando[181].

En la zona de ocupación soviética (que se convertirá en la República Democrática Alemana) la «desnazificación» tiene un carácter mucho más agresivo que en la zona occidental. De esta manera, y pese a una continuidad personal en la Administración Pública, dos tercios del personal perteneciente a la Administración de Justicia es separada de su cargo desde 1945 a causa de la depuración, lo que contempla la desocupación del 5 al 10% de los fiscales y del 25 al 30% de los jueces. Esta situación tiene que suplirse con la formación de Jueces Populares afines a la ideología del nuevo régimen, si bien ello no impide que determinados aspectos tanto de la legislación como de la doctrina nacionalsocialista sean asumidos y *normalizados* en la RDA[182]. En materia penal se mantiene la vigencia —como en todo el período anterior— del Código Penal del Segundo Reich de 1871 a la vez que se aceptan los aspectos que se consideran válidos de la Escuela Liszt, que tanta importancia tuvo para los nacionalsocialistas en lo que refiere a la «inocuización» del delincuente considerado como incorregible por medio de su internamiento por tiempo indeterminado en centros especiales previstos para ello, así como el trabajo obligatorio[183]. En vista de ello, se constata igualmente una continuidad en la *lucha* contra los «asociales»[184].

De acuerdo con lo expuesto anteriormente, el Derecho dentro de la cosmovisión marxista se contempla como un medio para un

---

181 VORMBAUM, T; *Historia Moderna del Derecho Penal Alemán,* Valencia, 2018, pp. 240-241.

182 *Ibíd,* pp. 390-393.

183 SANTOS, J. A; *Filosofía del Derecho Penal, positivismo jurídico y eugenesia en la República de Weimar* en BLÁZQUEZ RUIZ, F. J; *Nazismo, Derecho, Estado,* Madrid, 2014, pp. 123-124.

184 VORMBAUM, T; *Historia Moderna del Derecho Penal Alemán,* Valencia, 2018, p. 393.

fin, esto es, la construcción del Socialismo, la creación del *ser-especie* y la eliminación de los grupos sociales y clases que quedan fuera de la misma. El Derecho y el Estado quedan sujetos a la necesidad objetiva de la *lucha de clases*, pues son las condiciones económicas las que constituyen las bases de la vida social y, con ello, de todo ordenamiento jurídico que pueda existir. No existe ni puede existir un «Derecho interclasista». El Derecho *per se* es un instrumento «de clase» como lo es el Estado, de forma que ambos se desarrollan sobre la base de la Propiedad Privada de la sociedad burguesa. No es la expresión de la «voluntad libre», sino un instrumento, un arma si se quiere, que, de la misma forma que la Burguesía como *clase* la emplea para someter a las demás a sus intereses, el Proletariado constituido en *clase dominante* la ha de emplear igualmente para someter y destruir a sus enemigos[185]. El Derecho en la RDA —y, en especial, su Derecho Penal— es inseparable de la tradición jurídica de su Estado madre, la Unión de Repúblicas Socialistas Soviéticas. Un Estado fundado por un abogado —Lenin— que odiaba a los abogados. Hasta el punto de señalar a un camarada: *«Uno debe gobernar al abogado con mano dura y mantenerlo en un estado de perpetuo asedio, pues esa escoria intelectual suele jugar sucio»* [186].

Los elementos esenciales del sistema penal quedan fijados desde el mismo momento en que los bolcheviques toman el Poder en Rusia, cuando se abolió el sistema judicial existente hasta el momento para implementar los llamados Tribunales Populares compuestos por doce jueces legos elegidos entre el «pueblo» que deciden la suerte de los acusados por delitos comunes no en base a las normas del Derecho Procesal ni a las pruebas de cargo presentadas, sino en función de su *conciencia revolucionaria*[187].

---

185   Hillers de Luque, S; *op. cit,* p. 509-522.

186   Cit. en SEBESTYEN, V; *op. cit,* pp. 93. El mismo odio que les tenía Hitler, que una de sus charlas en la Guarida del Lobo concluyó que *«todo jurista debe ser deficiente por naturaleza, o se vuelve deficiente con el tiempo».* Kershaw, I; *op. cit,* p. 909.

187   SEBESTYEN, V; *op. cit,* p. 454.

Eso sí, se mantiene la separación que el sistema legal zarista mantiene entre los delitos comunes y los delitos cometidos contra el Estado. Siguiendo la estela del Terror Revolucionario francés, Lenin crea el Tribunal Revolucionario para este tipo de delitos, que juzga en audiencias cerradas de diez minutos de duración a los acusados por una *troika* nombrada por la policía política. Lenin mismo explica su modelo de Justicia, el cual se transfiere a todo el sistema jurídico soviético, así como a todos los en él basados, incluido el de la RDA: *«Para nosotros no existe, y no puede existir, el viejo sistema de moralidad y 'humanidad' inventado por la burguesía con el propósito de oprimir y explotar a las 'clases bajas'. Nuestra moral es nueva y nuestra humanidad, absoluta, ya que se basa en el ideal de destruir toda opresión y coerción. Todo nos está permitido, porque somos los primeros en el mundo en levantar la espada no en nombre de la esclavitud o de la opresión, sino en nombre de la liberación de todo yugo [...]. ¿Sangre? Que corra la sangre, sin con eso basta para convertir el estandarte gris, blanco y negro del viejo mundo pirata en uno escarlata, pues sólo la muerte absoluta de ese viejo mundo nos salvará del regreso de los viejos chacales»* [188].

Ya en la Constitución de la República Socialista Federativa Soviética de Rusia de 1918, que delinea los contornos jurídicos del régimen comunista bolchevique, se enuncian una serie de derechos a título esencialmente declarativo de los cuales sólo es destinatario el «Proletariado», siendo los grupos «contrarrevolucionarios» y las antiguas «clases opresoras» despojados de cualquier derecho o garantía jurídica constitucionalmente protegida. E igualmente los nuevos destinatarios carecen de garantías que conviertan a estos derechos en derechos subjetivos plenos, al no existir en el texto constitucional mención expresa a la inviolabilidad de la persona humana individual ni derechos políticos homologables a los consagrados por las democracias parlamentarias occidentales. Tampoco se prevén mecanismos de garantía

---

188   Cit. en *Ibíd,* p. 455.

jurídica para proteger dichos derechos, así como tampoco una sujeción de los poderes públicos a los derechos en cuestión. Esto es así en tanto que *el Derecho* y, con ello, *los derechos,* sólo son previstos como algo necesario durante la etapa de transición al Comunismo, la Dictadura del Proletariado, que emplea del Estado y el Derecho como arma para combatir a las «clases explotadoras». No en vano el artículo 23 de la Carta Magna priva expresamente de derechos a aquellos sujetos que los empleen en detrimento o en perjuicio de la Revolución Socialista[189].

En la *Declaración de los Derechos del pueblo Trabajador y Explotado,* redactada por Lenin y posteriormente incluida dentro de la Constitución de 1918, se declaran como objetivos fundamentales del sistema y, por tanto, del Derecho, *«abolir toda explotación del hombre por el hombre, suprimir por completo la división de la sociedad de clases, aplastar de modo implacable la resistencia de los explotadores, instaurar la organización socialista de la sociedad y lograr la victoria del socialismo en todos los países»*[190]. Y, asimismo, en el artículo 9 del mismo texto constitucional se hace saber que el propósito del mismo —esto es, de la legalidad socialista— no es otro que *«el establecimiento de la dictadura del proletariado urbano y rural y de las clases campesinas más pobres, bajo forma del Poder soberano de los Consejos de Rusia, a fin de llegar al aplastamiento completo de la burguesía, la abolición de la explotación del hombre por su prójimo y de la institución del socialismo, no admitiendo ni división de clases ni Poder del Estado.»*[191] Es claro que, en el ordenamiento jurídico socialista, no se pretende crear un marco para la libertad del individuo en el seno de una pluralidad, sino, en todo caso, una «libertad» en el sentido marxista de matriz roussoniana *dentro* de la única ideología oficial admitida. Pues estos derechos no se configuran —no ad-

---

189   HILLERS DE LUQUE, S; *op. cit,* p. 397-401.

190   LENIN, V. I; *Declaración de los Derechos del pueblo Trabajador y Explotado, Tomo 2,* Moscú, 1961, p. 287.

191   SALDAÑA, Q; *La Revolución Rusa. La Constitución rusa de 10 de julio de 1918,* Madrid, 1919, p. 99.

quieren una expresión *positiva*— en el sentido «burgués» sino en el sentido «socialista», que sólo pueden ser invocados a favor del Socialismo, pero nunca contra él. Adquiere sentido esta visión en coherencia con lo que ya se ha expuesto sobre la filosofía marxista en cuanto a qué es el Estado y qué es el Derecho. Si el Estado es el Proletariado instituido como *clase dominante* que emplea ambos para construir el Socialismo, carece de sentido que pueda permitirse emplear dichas armas contra quien tiene que empuñarlas. Los derechos que recogen las constituciones socialistas no son un mecanismo de defensa del individuo *contra* el Estado; antes al contrario, se diseñan como un medio empleado por las autoridades estatales para socializarlo y disolverlo en la colectividad, contribuyendo así a la creación del *Homo Sovieticus*[192].

No se puede perder de vista que, para la ideología marxista, las democracias occidentales se anclan en planteamientos viciados de base, al constituir una expresión del fenómeno de la *alienación política* que proporciona una visión falsa y adulterada de las cosas. Por muchos derechos que se recojan en sus constituciones, estas serán siempre injustas puesto que se basan en unas relaciones económicas y de producción impuestas por la Burguesía y construidas sobre la Propiedad Privada. El Derecho Burgués sólo se utiliza para imponer unas reglas del juego decididas de antemano por la *clase dominante*, la Burguesía, sobre la *clase dominada*, el Proletariado. La *democracia de verdad,* es decir, la *democracia socialista,* se da cuando el «hombre egoísta» ha sido eliminado, cuando sus intereses han sido nivelados con los de la «sociedad civil», habiéndose suprimido las relaciones económicas burguesas y, con ello, la *ideología burguesa* en sí misma. Es por lo que una dictadura desde el punto de vista burgués puede ser considerada una «democracia socialista» en tanto que cumpla con lo que se acaba de señalar; lo mismo que un sistema democrático desde la perspectiva «burguesa» puede no ser una «democracia

---

192   FLORIS MARGADANT, G; *Los derechos del hombre en la constitución soviética* en *Veinte años de evolución de los Derechos Humanos,* México, 1947, pp. 506-507.

socialista». Lo que importa no es la *forma* sino el *fondo*. Y es por eso que la dictadura de un partido como el SED es considerada coherentemente con la filosofía marxista como una forma de *democracia socialista*[193].

Andrey Vyshinsky, quien fuera Fiscal Jefe de la URSS y uno de los ejecutores del Terror de Stalin en el ámbito judicial, define en su obra *Respecto a la situación del frente teórico del Derecho*, escrita en 1937, el Derecho como un instrumento en la lucha revolucionaria en pos de la construcción del Socialismo que se ha de emplear contra los *enemigos* del Estado. El Derecho, tal y como lo conciben a su vez Lenin y Stalin, no es nada sin el poder coercitivo del Estado para hacerlo cumplir, de imponerlo para convertirlo así en un instrumento que sea válido para cumplir la función que se le ha encomendado.[194] Su concepción del Derecho queda refleja con toda claridad cuando enuncia: *«Por primera vez en la historia, las disposiciones jurídicas coinciden con principios morales, porque el Derecho soviético encarna la voluntad del pueblo».*[195] Una concepción no muy diferente a la sostenida por Ronald Freisler, Presidente del Tribunal del Pueblo nacionalsocialista y a quien Hitler consideraba, precisamente, *«nuestro Vyshinsky».*[196] Este considera un error la construcción de una Teoría del Derecho en base a una adaptación normativa del Derecho Positivo. El Derecho debía basarse en la experiencia vital, tal y como él mismo dispone: *«Los principios de la teoría jurídica deben ser extraídos del origen; y no pueden ser extraídos del derecho (aun cuando se trate del derecho positivo) sino de la vida. Su origen está en la vida, y en la vida se hallan todas sus fuentes. De la vida absorben toda su fuerza vital; del contenido de las relaciones sociales en cuya base se hallan las relaciones de pro-*

---

193   VILLORO TORANZO, M; *Principios filosófico-políticos del sistema soviético de derecho* en *Boletín del Instituto de Derecho Comparado de México, 1974, Vol. 17, núm 50,* pp. 275-276.

194   HILLERS DE LUQUE, S; *op. cit,* p. 571-575.

195   LOZANO, A; *Stalin, el tirano rojo,* Madrid, 2012, p. 127.

196   GEA CONGOSTO, P; *op. cit,* p. 124.

ducción de la sociedad dada, y de las características de la construcción de la sociedad dada y del Estado dado[197]. En definitiva, y tal y como plasma en otro escrito, *Legalidad revolucionaria en el período contemporáneo*, a diferencia de lo que sucede en los Estados «burgueses», el Derecho Socialista no tiene por cometido limitar los poderes del Estado, sino plegarse a su mandato, pues la norma jurídica no puede ir en contra de lo que sostiene el movimiento revolucionario[198].

Desde los mismos albores del nacimiento del Estado Soviético, Lenin es reticente a la hora de castigar con severidad a los delincuentes comunes, pues para el marxismo este tipo de delincuencia encuentra su causa en la «explotación de las masas», de manera que suprimida esta la delincuencia común en sí misma decaería. La creación de este nuevo tipo de Estado hace nacer igualmente una nueva categoría de delincuente, el *Enemigo de Clase*, el que se opone a la Revolución y trabaja abierta o secretamente para destruirla. Este delincuente requiere de un tratamiento penal mucho más severo que el asesino o el ladrón, creándose desde ese mismo momento en lo que será la URSS y todos sus estados satélite la distinción dentro del sistema penal de dos tipos de presos: los *comunes* y los *políticos*, la cual, hasta su desaparición, nunca se delimitará completamente, abriendo la puerta a la arbitrariedad y al abuso. En la práctica es la policía política (soviética o de cualquier otro país del Bloque Socialista) la que decide quién es y quién no es un «enemigo de clase»[199].

Son éstos los principios que se inyectan en el Ordenamiento Jurídico de la RDA y, en particular, en el Derecho Penal. En base a los mismos se realiza cualquier interpretación que de la legislación en cualquier ámbito cupiera hacer, en tanto que impera el Principio de la *Legalidad Socialista*, que implica que todo el

---

197   Cit. en VILLORO TORANZO, M; *op. cit,* pp. 309-310.

198   LOZANO, A; *Stalin, el tirano rojo*, Madrid, 2012, *ibíd*.

199   APPLEBAUM, A; *Gulag. historia de los campos de concentración soviéticos,* Barcelona, 2004, pp. 54-56.

Derecho en su conjunto está supeditado a la «construcción del Socialismo[200]. Los estudiosos se han dividido tradicionalmente en lo que respecta a la concepción del Derecho en la RDA, un problema que se ha puesto de manifiesto en toda su envergadura cuando, tras la caída del Muro de Berlín, se trató de enjuiciar a quienes habían disparado contra lo que intentaron escapar al territorio de la República Federal. Desde el punto de vista de la *concepción fáctica del Derecho en la RDA*, de la cual Günter Jakobs es el principal exponente, si bien en la Alemania del Este existe un conjunto de normas de carácter formal, sobre estas se superponen otras normas de carácter factual que son el verdadero *Derecho* del Estado. Un Derecho que está por encima del Derecho escrito, reflejado y plasmado en normas jurídicas determinadas que todos los ciudadanos podían conocer, y que no es más que «propaganda».[201] Por el contrario, la *concepción formal del Derecho en la RDA* entiende que sí existe un Ordenamiento Jurídico válido y efectivo, que es semejante a lo que en los sistemas parlamentarios occidentales puede conceptualizarse como Estado de Derecho, configurándose como el único marco jurídico en el que los ciudadanos germano-orientales podían desenvolverse[202].

Lo cierto es que, en tanto que se tenga en cuenta el contexto filosófico, sociológico e histórico-jurídico en que el Derecho de la RDA opera no cabe menos que estimar como válidas, a grandes rasgos, las apreciaciones proporcionadas por la *concepción fáctica*. Y esto es así cuanto más por cuanto refiere al Derecho Penal, puesto que la competencia real para *castigar* y *sancionar* al delincuente y al infractor (efectivo o presunto) no recae en los órganos judiciales que aplican los preceptos que el Ordenamiento Jurídi-

---

200 FELIP I SABORIT, D; *La delimitación del conocimiento de la antijuricidad. Una aportación al estudio del error de prohibición,* Universitat Pompeu Fabra. Departament de Dret, 1997, pp. 248-249. Tesis Doctoral disponible en: https://www. tdx. cat/handle/10803/7315;jsessionid=829E233AED8AE-662770042CE6D044517#page=3

201 *Ibíd,* pp. 254-255.

202 *Ibíd,* pp. 255-263.

co germano-oriental dispone al efecto, sino en la policía política secreta de la dictadura del SED. En efecto, la *Stasi*, cuyo lema es *Schild und Schwert der Partei* (Escudo y Espada del Partido), es el auténtico exponente de este *Derecho fáctico*, al operar a las órdenes del SED sin sujeción al Ordenamiento Jurídico ni a ley alguna. Rodeada de un halo siniestro de omnipotencia, funciona —de manera parecida a la *Gestapo* nacionalsocialista— como un *Estado dentro del Estado*. Tanto es así que algunos llegan a considerar a la RDA como una «dictadura de la Stasi»[203]. En realidad la *Stasi* responde directamente ante los máximos dirigentes del SED, informando al Partido en sus diferentes niveles, ya sea local, regional y central, a la vez que concibe y desarrolla una vasta red de control por medio del reclutamiento de agentes e informantes por todo el territorio de la RDA, forjando un ligamen entre la Seguridad del Estado y los ciudadanos de la República[204].

No tarda en convertirse en la mayor y mejor organizada policía política de Europa del Este, con un total de 91.000 agentes a cargo de controlar y fiscalizar a 16,4 millones de personas[205], lo que la hace mucho mayor que su predecesora nacionalsocialista, teniendo en cuenta que la *Gestapo* no tuvo más de 40.000 efectivos para atar en corto a una población de 66 millones[206]. Sin embargo, ambas policías políticas adolecen del mismo defecto: por más que lo procuren, no pueden controlar por sí mismas a una población tan numerosa. Es por ello que la *Stasi* se sirve de miles de *Inoffizielle Mitarbeiter,* una red de informadores civiles no oficiales que espían a e informan sobre sus familiares, amigos, vecinos y conocidos, y cuya cifra se eleva hasta el medio millón[207]. *Más refinada que la Gestapo*, paulatinamente sustituye las torturas físicas y las ejecuciones por la tortura psicológica y la

---

203   MITCHEL, G; *Los túneles. La historia jamás contada de la huida bajo el Muro de Berlín,* Barcelona, 2017, p. 69.

204   MARTÍN DE LA GUARDIA. M. R; *op. cit,* pp. 49-50.

205   PRIESTLAND, D; *op. cit* p. 499.

206   LOZANO, A; *La Alemania Nazi (1933-1945)*, Madrid, 2011, p. 114.

207   PRIESTLAND, D; *op. cit* p. 500.

vigilancia masiva, llegando a ser más efectiva que el mismo *KGB* soviético (heredero del *NKVD* de los tiempos de Stalin)[208]. Moldeada como una copia exacta de éste, sus agentes se consideran orgullosamente como «chequistas», en referencia a la *Cheka,* la policía política soviética durante los tiempos de Lenin y precursora del *NKVD* y, más tarde, del *KGB*[209]. Tanto es así, que en un manual de historia de la propia *Stasi* para uso interno reconoce sin ambages que *«los chequistas soviéticos bajo el liderazgo de Lenin y el partido comunista soviético crearon el modelo básico de los órganos de seguridad del Estado socialista»*, debiendo tener en cuenta que *«aprender de los chequistas soviéticos significa aprender a desarmar incluso al enemigo más sofisticado»*, porque *«aprender de la Unión Soviética significa aprender a ganar»*[210]. Inicialmente sus agentes son reclutados de los campos soviéticos que albergan en su seno a prisioneros alemanes, previo paso por los cursos de formación ideológica y adoctrinamiento de rigor, especialmente procedentes de entornos desfavorecidos y/o de origen «proletario», debidamente adiestrados y encuadrados por

---

208   KEMPE, F; *op. cit,* pp. 98-101.

209   El *NKVD* y la *Gestapo* ya habían demostrado lo compatibles que eran tras la invasión conjunta por parte del Tercer Reich y de la Unión Soviética de Polonia, dando comienzo a la Segunda Guerra Mundial en Europa. La colaboración entre ambas policías secretas llegó al punto de ejecutar operaciones conjuntas contra miembros de la resistencia polaca y comunistas alemanes opositores de Hitler. A ello se sumó el intercambio de información para combatir a los nacionalistas de los territorios ocupados en Europa del Este. FARALDO, J. M; *op. cit,* pp, 91-92. Esta política de colaboración entre ambos sistemas y, por ende, entre sus respectivas policías políticas, se concretó en reuniones regulares entre sus agentes para la coordinación de operaciones y la cooperación en la lucha contra los enemigos comunes, que incluyeron brindis conjuntos por el *Führer* y el *Camarada Stalin.* Se llegó incluso a acreditar a un coronel del *NKVD* ante Hans Frank, jurista de cabecera de la Alemania Nacionalsocialista y Gobernador General de la Polonia ocupada. Según un acuerdo secreto, ambos gobiernos se comprometieron a combatir la «agitación polaca» contra la otra parte. URBAN, T; *La matanza de Katyn. Historia del mayor crimen soviético de la Segunda Guerra Mundial,* Madrid, 2019, p. 27.

210   APPLEBAUM, A; *El Telón de Acero. La destrucción de Europa del Este 1944-1956,* Barcelona, 2017, p. 137.

sus instructores soviéticos[211]. Ya desde el año 1943, el *NKVD* organiza cursos de «re-educación» en los campos de prisioneros, con el claro objetivo de formar *cuadros* políticos para sus futuros Estados satélite. Así, muchos prisioneros de guerra alemanes, que habían hecho la guerra para Hitler, regresan a Alemania del Este para imponer el Comunismo de la mano de Stalin, integrándose en la *Stasi*[212].

Su primer dirigente, Ministro de Seguridad del Estado, es Wilhelm Zaisser, que accede al puesto en cuanto se crea la policía política en 1950. Combatiente en la Guerra Civil Española, primero como asesor y luego como Comandante de la XIII Brigada Internacional bajo el pseudónimo de «General Gómez» desde noviembre de 1936, desde 1937 es Comandante de las Brigadas Internacionales en Albacete. Pero en 1938 es puesto al frente del Comité Ejecutivo de la *Komintern* (la Internacional Comunista), lo que le permite involucrarse en el proceso de «desnazificación» de los prisioneros de guerra alemanes, algunos de los cuales acabarán siendo reclutados como agentes de la *Stasi*. Una vez formada, de inmediato se pone manos a la obra en la persecución de dirigentes nacionalsocialistas y criminales de guerra, el sabotaje ocasionado por los opositores a la dictadura del SED, la dura lucha por el control de la Iglesia Evangélica y la imposición por la fuerza de la Reforma Agraria que las autoridades comunistas pretenden implantar. Pero su caída en desgracia tras la Sublevación de 1953 (que pone en serios aprietos al régimen del SED y demuestra su escasa legitimidad popular, teniendo que ser aplastada por las tropas soviéticas) eleva al cargo a Ernst Wollweber, otro comunista alemán involucrado en la guerra en España por medio del envío de armas a la República quien, debido a sus discrepancias con Ulbricht, es apartado igualmente del cargo para acceder a él quien será el auténtico arquitecto de la *Stasi,* Erich Mielke, que también había estado en España

---

211   *Ibíd,* pp. 137-138.

212   APPLEBAUM, A; *Gulag. historia de los campos de concentración soviéticos,* Barcelona, 2004, p. 435.

durante la guerra y que se había fogueado en la lucha callejera y clandestina contra la democracia de Weimar primero y contra el régimen nacionalsocialista después. Fiel aliado de Ulbricht, bajo su mandato el Partido obtiene un control más estrecho sobre las actividades de la policía política, que se consagra en 1971 cuando Honecker accede al Poder. En cualquier caso, la Stasi actúa con independencia notoria y al margen de todo control legal —pese a que, formalmente, está previsto por la ley de 8 de febrero de 1950, que regula su creación— debiendo responder sólo ante el SED[213]. Pues no debe olvidarse que la RDA no es una dictadura personalista como el Tercer Reich, en el que sólo hombre tiene las riendas absolutas del Poder y siendo el Partido uno de los grupos que compiten por él en el seno de un sistema semi-pluralista, sino que se concibe como una *dictadura de partido* en la que es este, como organización, el que detenta el verdadero Poder, siendo los líderes mudables y no existiendo otras instancias de poder más o menos independientes que puedan gozar de autonomía[214].

Con todo, los líderes de la policía política germano-oriental nunca olvidarían la humillación que la victoria soviética en la guerra les había supuesto, incluyendo la violación y el asesinato de sus mujeres. Pese a «amistad» que declaraban profesar hacia sus amos del Kremlin, cierto sentimiento antirruso siguió presente en el alma de los agentes de la *Stasi*, como en muchos alemanes del Este. Ésta es la razón por la que, una vez extraído todo el conocimiento que la policía política soviética podía proporcionarles, decidieron emanciparse en lo posible de sus métodos y procederes, considerados poco inteligentes, en favor de otros más refinados a la par que más efectivos, sin las taras que conllevaban las *«debilidades de los camaradas soviéticos»*, en palabras de Markus Wolf, líder de la *Stasi* en el extranjero[215].

---

213   FARALDO, J. M; *op. cit,* pp, 125-129.

214   DÍEZ ESPINOSA, J. R, y MARTÍN DE LA GUARDIA. M. R; *op. cit*, p. 206-208.

215   VALLE, A; *op. cit,* pp. 71-76.

La *Stasi* se convierte, así, en el auténtico Poder Judicial y generador del Derecho Penal *de facto*, por encima de las leyes codificadas formalmente y al margen de las mismas. Una vez que un detenido confiesa su «delito», es emplazado para un juicio-farsa en el que la Sentencia ya está decidida de antemano por la propia policía política, o lo que es lo mismo, por el Ministerio de Seguridad, siendo el único cometido del Juez aplicarla.[216] En algunos casos, es el propio Erick Mielke el que decide personalmente la sentencia, que puede ir desde en encarcelamiento hasta la ejecución. De hecho, el que la *Stasi* esté por encima de cualquier legalidad formal y de toda ley *positiva* lo ilustra el hecho de que, para la formación de sus agentes, se confecciona y distribuye un «comentario secreto» de la legalidad vigente sólo válido para la policía política, y completamente ajeno a los comentarios oficiales que orientan la actividad de los magistrados ordinarios[217]. La *Stasi* llega al punto de abrir ella mismo procesos penales contra personas en los momentos en que la RDA se halla en una situación económica comprometida y carece de liquidez. Los presos se convierten en una moneda de cambio y en una fuente de divisas para la RDA, pues son detenidos e internados a la espera de poder ser vendidos a la RFA a cambio de un precio determinado, bien en dinero líquido o en concepto de bienes (tales como petróleo, cobre o diamantes) que luego son vendidos y generan millones. Los presos son utilizados además como mano de obra esclava para la fabricación de artículos destinados a su posterior venta[218].

Sin embargo, el método *más eficaz, la pena más dura, tanto en extensión como en secuelas,* es el denominado como *Zersetsung*, que puede traducirse por algo así como *Descomposición*. Se trata de la puesta en práctica de una serie de medidas que no incluyen

---

216   HERNÁNDEZ, J; *Stasi. El Terror Gris* en *La Aventura de la historia, nº 213,* Madrid, 2018, p. 27.

217   Véase el documental de Gierke, C, dir; *Stasi. East Germany´s Secret Police,* Film Europa Production, 2007.

218   Véase el documental de Mönch, M y Lahl, A, dir; *Comrades & Cash (The Deutschland 86 Documentary)*, UFA Fiction, 2018.

el encarcelamiento pero que implican la destrucción social, psicológica y anímica del sujeto, para reducirlo a la nada como ser humano. Este método es implementado a partir de la Directica nº 1/76, de enero de 1976, *sobre el Desarrollo y Gestión de los Procedimientos Operacionales*. Según el texto de esta directiva, estas medidas de «descomposición» *«han de aplicarse contra las fuerzas enemigo-negativas tanto suscitando como explotando las contradicciones y diferencias a través de las cuales se dividen, se paralizan, se desorganizan y se aíslan, consiguiendo asimismo que sus acciones enemigo-negativas, y sus efectos, se eviten de forma preventiva, queden en lo esencial restringidas o totalmente impedidas»*[219]. Los métodos que se emplean para ello, siguiendo la exposición que realiza la propia directiva, son los siguientes[220]:

- *«La desacreditación sistemática de la reputación pública, de la estima y del prestigio, a través de la combinación de información verdadera, verificable y comprometedora, así como de información falsa, creíble, irrefutable y, por lo tanto, también comprometedora».*

- *«La organización sistemática del fracaso profesional y social para socavar la autoconfianza de los individuos [...]».*

- *«Desarrollar apatía (en el sujeto) [...] para conseguir una situación en la que sus conflictos, tanto sociales, personales, profesionales, políticos o de salud, sean irresolubles [...] restringir su talento y sus habilidades [...] reducir su capacidad de reaccionar y [...] sembrar discordancias y contradicciones a su alrededor con tal fin [...]».*

- *(la) difusión paulatina de rumores sobre individuos concretos valiéndose de cartas anónimas y seudo-anónimas [...] crear situaciones comprometidas para para ellos con el fin de crear confusión en torno a los hechos [...] (y) la generación de conductas histéricas y depresivas en los sujetos escogidos».*

---

219   FUNDER, A; *op. cit*, p. 27.
220   *Ibíd*, pp. 27 y 242.

Todo ello, como se indica, dirigido a provocar la *destrucción del yo interior,* la «muerte civil» del individuo, su «desintegración» como persona, al comprobar con impotencia cómo su vida personal y su carrera profesional se arruinan inexorablemente y sin razón aparente. Una vía predilecta para *disolver al individuo en la colectividad,* de acuerdo con lo preceptuado por Marx, obteniendo así el *Individuo Total,* el *ser-especie,* sin identidad individual y despojado de sus intereses diferenciadores como sujeto individualmente considerado[221]. Se calcula que unas 10.000 personas fueron víctimas del *Zersetsung,* de las que 5.000 sufrieron secuelas irreparables[222]. La RDA no duda, pues, en utilizar cualquier método a su alcance para *castigar y sancionar* a la población, como se pone de manifiesto durante la construcción del Muro de Berlín el 13 de agosto de 1961 con el objetivo de frenar la sangría de refugiados hacia el territorio de la RFA. De la noche a la mañana, los berlineses del Este se encuentran con que todos los pasos fronterizos han sido cerrados con alambre de espino para, posteriormente, ver emerger un muro de cemento de más de 40 kilómetros de largo[223]. La última versión del plan para su levantamiento es elaborada por el segundo de a bordo de Honecker, Bruno Wansierski, técnico y carpintero, que titula su informe *Análisis general del alcance de las operaciones de ingeniería del círculo exterior oeste de Berlín.* Como magistralmente señala Frederick Kempe: *«Quienes leyeron el documento más tarde compararon su precisión con los proyectos nazis de construcción y operación de los campos de concentración. Aunque el proyecto de Ulbricht tenía un objetivo menos criminal, su ejecución se aplicó con un rigor igual de cínico»*[224].

---

221   Una representación más o menos fiel del desempeño de la *Stasi* puede observarse en la película de Florian Henckel von Donnersmarck *La vida de los otros* (*Das Leben der Anderen*), Alemania, 2006.

222   Hernández, J; *op. cit,* p. 26.

223   DÍEZ ESPINOSA, J. R, y MARTÍN DE LA GUARDIA. M. R; *op. cit,* pp. 232-234.

224   KEMPE, F; *op. cit,* p. 363.

3. Castigar y Sancionar: Derecho Penal y Administrativo Sancionador

Los principios y fines del Derecho Penal en la RDA, que lo dota de un carácter «fáctico» se trasladan íntegramente a la codificación de ese mismo Derecho Penal y del Derecho Administrativo Sancionador, lo que incluye asimismo el Derecho Procesal que afecta a ambas ramas. En este punto, introducimos -también- al análisis de la materia administrativo-sancionadora por su ligamos directo con la penal y por la indudable importancia política que, en la práctica, tuvo en la RDA. En todo caso, hablar de diferentes ramas jurídicas cuando se habla de Derecho Penal y Derecho Administrativo Sancionador en la RDA puede resultar algo engañoso. Pues el Derecho Administrativo como tal, como rama jurídica independiente del Derecho Penal, es abolido tras la Conferencia de Babelsberg de 1958 por deseo expreso de Ulbricht, dando lugar a una situación absolutamente insólita que no tiene parangón en ningún otro ordenamiento jurídico del Bloque Socialista y que tan sólo tiene precedente en la breve supresión que de esta rama del Derecho se realiza en la URSS durante los años 20.[225] Ello obliga a analizarlos (ambos, Derecho Penal y Derecho Administrativo Sancionador) conjuntamente.

Como es sabido, este Derecho, como todas las otras ramas del Ordenamiento Jurídico de la RDA, se concibe como un *instrumento* en la «construcción del Socialismo», tal y como viene recogido en su texto constitucional. Lo que es innegable es que en la práctica cumple dos funciones durante toda la vida del Estado germano-oriental: 1) Neutralizar a los enemigos de la ideología socialista a la vez que se somete a la población al molde diseñado a través de ella, y 2) mantener y aumentar el Poder de los cuadros políticos del SED, sus dirigentes y también sus funcionarios.[226]

---

225   MAURER, H; *Derecho Administrativo. Parte General,* México, 2021, pp. 24-25.

226   *Ibíd.*

Esta es la razón principal por la que no se establecen límites en el funcionamiento de los órganos administrativos, no existe el menor interés por delimitar adecuadamente sus competencias y no existen garantías jurídicas para los ciudadanos en su relación con ellos. Así, los órganos sancionadores —principalmente la *Stasi* y otros cuerpos policiales o para-policiales— no se sujetan a más ley *real* que la voluntad del SED encarnada por sus integrantes[227].

Quiere esto decir que las normas de Derecho Administrativo Sancionador se conciben como una extensión del Derecho Penal. Se basan en lo previsto en el Código, se nutren de sus Principios y, en definitiva, asumen su lógica. En base a esto, en la RDA si distinguen, por un lado, las Infracciones Penales y las Infracciones Administrativas, las cuales, como se ha dicho, se diseñan como una extensión del Derecho Penal. Dentro de las primeras, a su vez, cabe encontrarse con dos categorías de comportamientos punibles: 1) el Crimen: que se castiga por su peligrosidad social y la intencionalidad del sujeto, esto es, del *Dolo,* y 2) el Delito: cuya nota esencial es la peligrosidad social del comportamiento. Con todo, la distinción se difumina a la hora de tratar la Tentativa, dado que sólo es punible cuando la ley expresamente lo prevé[228]. Con reminiscencias del Derecho Penal Nacionalsocialista, en el Derecho Penal Comunista de la RDA también de adelanta la barrera de punibilidad a los actos preparatorios. Lo que da lugar —en el Código Penal de 1968— a una ruptura con el Principio de Proporcionalidad Penal[229]. Sin ir más lejos, la Reforma del Código Penal operada en Alemania del Este en 1957 establece, como durante el Nacionalsocialismo, la ausencia de relevancia penal de las conductas ejecutadas *dentro* de la cosmovisión socialista, lo que implica que no se consideran

---

227   *Ibíd.*

228   PÉREZ-ESPEJO MARTÍNEZ, S; *op. cit,* pp. 105-109.

229   GARCÍA-PABLOS DE MOLINA, A; reseña a *El nuevo Derecho Penal político de la República Democrática Alemana* de W. Ronsenthal en *Anuario de Derecho Penal y Ciencias Penales*, Madrid, 1977, p. 516.

antijurídicas cuando *«pese a que la conducta coincida con un tipo penal, pero por su insignificancia y escasa dañosidad no sea peligrosa para la DDR, la construcción del socialismo, los intereses del pueblo trabajador ni al ciudadano individual»*[230]. Sobre esta premisa va a pivotar el extenso catálogo de Delitos Políticos que incorpora esta reforma, que incluye delitos tales como la realización de propaganda «contra el Estado» o la «calumnia» contra el mismo, por medio de los cuales se tipifica penalmente la libertad de expresión; la inducción a «abandonar la RDA» y otros tipos relativos al «sabotaje» o al «ataque» contra la Propiedad Socialista. En definitiva, la tipificación de un conjunto de conductas expresivas del libre albedrío o, cuanto menos, no ajustadas a la disciplina laboral imperante en la RDA o disolutas con respecto a su moral puritana[231].

En cualquier caso, la elaboración del Derecho Penal en la RDA culmina con la aprobación de un nuevo Código Penal en 1968, del que cabe destacar la formulación de la Culpabilidad como una noción notoriamente amplia, ligada a una Imputabilidad que se basa no en la ilicitud del hecho que realiza el sujeto, sino en las normas sociales que se ven afectadas por este hecho. De esta manera, la atenuación de la pena pivota sobre las motivaciones del autor y las consecuencias por él buscadas, no al margen desde luego de la consumación de la conducta típica.[232] Este nuevo código, que sustituye definitivamente al de 1871 (recuérdese que, durante la etapa nacionalsocialista sólo se sucedieron reformas sobre este mismo cuerpo normativo, pero no llegó a aprobarse un nuevo Código Penal como tal), se proyecta explícitamente como un instrumento en la «lucha contra el Capitalismo», por lo que dedica una parte nada desdeñable de su articulado a regular delitos contra el Estado, la Seguridad de la sociedad y el orden estatal, muy en la línea de la reforma

---

230   VORMBAUM, T; *Historia Moderna del Derecho Penal Alemán,* Valencia, 2018, pp. 393-394.

231   *Ibíd.*

232   *Ibíd,* pp. 394-396.

operada en 1957. Por ello no es extraño el endurecimiento del Derecho Penal Económico pero, por el contrario, una sensible liberalización del Derecho Penal Sexual, si bien se ofrece una fuerte protección a la Juventud y a la Familia[233].

En cuanto a la regulación de las Penas, existe una evidente confusión entre el Derecho Penal Material y el Derecho Procesal-Penal, manteniéndose la Pena de Muerte prevista en el Código Penal anterior que, no obstante, suele ser conmutada por los líderes del SED por la Cadena Perpetua, especialmente durante la época de Honecker. Tanto es así que, durante su mandato, se abole definitivamente la Pena de Muerte, siendo el primer país del Bloque Socialista en hacerlo[234]. De hecho, la última ejecución en la RDA tiene lugar en 1981, bajo la responsabilidad de la *Stasi*[235]. Esto es decidido por el Consejo de Estado por medio de la Resolución de 17 de julio de 1987, en lo que supone una aparente muestra de cierta liberalización controlada del sistema (en absoluto real) aunque sin abandonar los elementos caracterizadores de colectivismo burocrático[236]. Aun así, el Derecho Penal germano-oriental experimentará nada menos que cinco reformas durante todo el período de tiempo de su existencia, entre las cuales de excepcional importancia es la que tiene lugar a raíz de la Ley de Reforma del 28 de junio de 1979, que supone un endurecimiento de los delitos de naturaleza política. Igualmente, se mantienen los delitos contra la Propiedad Socialista y la Propiedad Personal, introduciéndose por lo demás medidas de carácter educativo por medio de los Tribunales Sociales[237]. Merece destacarse el hecho de que la pena privativa de libertad se prevé con una duración menor que en la RFA, aunque ello

---

233   GARCÍA-PABLOS DE MOLINA, A; *op. cit,* pp. 515-517.

234   VORMBAUM, T; *Historia Moderna del Derecho Penal Alemán,* Valencia, 2018, pp. 396-397.

235   GIERKE, C, *op. cit.*

236   PÉREZ-ESPEJO MARTÍNEZ, S; *op. cit,* pp. 143, 167-168 y 175-176.

237   VORMBAUM, T; *Historia Moderna del Derecho Penal Alemán,* Valencia, 2018, pp. 397-398.

debe analizarse en el contexto del *Derecho Fáctico* que se ha comentado con anterioridad, en el que las medidas de seguridad previstas, así como la duración del internamiento, son decididas por la policía política al margen de las leyes formales. Sorprende, pues, que en el Derecho Penal de la RDA no estén previstas formalmente las Medidas de Seguridad aplicables al delincuente, muy posiblemente para facilitar las *vías de hecho* en relación a las mismas. Y, aun así, su función material se concreta por medio de la imposición de penas, efectivamente, consistente en el internamiento, por ejemplo, en centros psiquiátricos, la prohibición de realizar determinadas actividades o el agravamiento de penas previamente impuestas, más allá de que valorara la reincidencia en las conductas típicas o no[238]. Ya desde 1968 está presente la visión de una pena de privación de libertad de marcado carácter unitario, admitiendo diferencias únicamente en el período de ejecución de la sentencia judicial[239].

La legislación penal y administrativo-sancionadora de la RDA no puede escapar en ningún momento a las bases metafísico-esencialistas que nutren toda su producción jurídica, lo cual da lugar a una suerte de «Derecho Administrativo» tosco y desordenado, en el que los elementos penales y los puramente administrativo-sancionadores se mezclan entre sí y con el Derecho Procesal. Muestra de lo cual es que el legislador deba recurrir al trasplante de conceptos jurídicos liberales (en su propia terminología, «burgueses») para llenar el amplio vacío generado por una doctrina hueca y por una técnica jurídica deficiente. Eso sí, haciéndolos pasar como conceptos «socialistas» y esencialmente endógenos de esta tradición jurídica, entre los cuales cabe señalar la Antijuridicidad Material o la declaración de ausencia de Infracción Penal, con el consiguiente Archivo de las Actuaciones ante la insuficiencia de la relevancia penal del hecho[240].

---

238   PÉREZ-ESPEJO MARTÍNEZ, S; *op. cit,* p. 143.

239   GARCÍA-PABLOS DE MOLINA, A; *op. cit,* p. 515.

240   PÉREZ-ESPEJO MARTÍNEZ, S; *op. cit,* pp. 100-103.

Como ha quedado expuesto anteriormente, el Derecho de la RFA es también fuente del Derecho en la RDA, consciente de sus fuertes deficiencias. Mas las bases no pueden ser más distintas. Se impone, en la Doctrina Penal de la República Federal de Alemania, un *Iusnaturalismo Conservador* como reacción al Positivismo de la primera mitad del siglo XX; a la vez que se agudiza la polémica abierta entre Finalismo y Causalismo. El Finalismo considera, en su *Teoría de la Acción,* que el comportamiento humano está estructurado ontológicamente por la orientación hacia un fin determinado, de manera que el denominado *ilícito de la acción* subordina al *ilícito del resultado,* confirmándose de esta manera el carácter *personal* del ilícito penal. Ello desemboca en la apreciación de un tipo especial de *dolo* para todos los delitos de esta naturaleza que, necesariamente, excluye la omisión, la culpa o la imprudencia. Por el contrario, para el Causalismo, en su *Teoría de la Causalidad de la acción,* la intervención del Estado sobre la conducta del individuo se liga a elementos externos al mismo, es decir, fuera del propio sujeto objeto de la intervención en cuestión, de carácter puramente objetivo. La nueva tendencia, que tiene su precedente en la atenuación puramente facultativa de la Tentativa introducida en el Derecho Penal durante el Nacionalsocialismo en el año 1935 y mantenida después de 1945, abre la puerta a una extensión de un Derecho Penal en la que la valoración de la intención del sujeto determina o, cuanto menos, afecta a la Pena que se le impone, separándose del sistema penal liberal-positivista de los albores del siglo XX[241].

Como es sabido, la RFA se constituye como un Estado de Derecho similar u homologable a los del entorno europeo en Occidente. Esto quiere decir que se dota de una Constitución, la Ley Fundamental de Bonn de 1949, que consagra un sistema político parlamentario y multipartidista, con el reconocimiento de una serie de derechos individuales y sociales que, a su vez, están garantizados por un Poder Judicial independiente tanto del Poder

---

241   VORMBAUM, T; *Historia Moderna del Derecho Penal Alemán,* Valencia, 2018, pp. 370-376.

Legislativo como del Poder Ejecutivo, así como por la existencia del Tribunal Constitucional Federal, sumo intérprete del texto constitucional[242]. En esta clave es en la que hay que entender la *esencia* del Derecho Penal y Administrativo Sancionador en la RFA, para contrastarlo adecuadamente con el de la RDA. Pues en la Alemania Federal se imprime, desde el primer momento, una liberalización concienzuda de este Derecho. Se expande, cierto es, pero lo hace, a diferencia de lo sucedido tras el acceso al Poder de Hitler en 1933, en un sentido anti-autoritario, que adopta una forma definida en la década de los años 60, sucediéndose una serie de reformas entre los años 1961 y 1973. Sucede que el Derecho Penal se enfoca, atiende a, la *persecución de un fin*[243]. Ello se traslada igualmente al Derecho Procesal-Penal, que experimenta también una liberalización enfocada al fortalecimiento de los derechos del individuo en el Procedimiento Judicial, así como a una protección de los mismos frente a los posibles ataques[244].

Las líneas maestras penales y administrativo-sancionadoras de la RFA resaltan la naturaleza, diametralmente apuesta (aunque, como se verá, con algunas similitudes insoslayables) con respecto a la RDA y, especialmente, al analizar su legislación administrativo-sancionadora. Tal y como ya se ha apuntado, en Alemania Oriental se distingue entre Infracciones Penales (Crimen y Delito) e Infracciones Administrativas, que incluyen las Infracciones Administrativas de carácter general, las Infracciones del Orden, las Infracciones Disciplinarias y las Faltas. Las Faltas, en las que es preciso detenerse antes de proseguir, constituyen una anomalía en un cuerpo jurídico ya de por sí anómalo. Y es que, si bien están previstas en el Código Penal de 1968, su naturaleza real es la de un híbrido entre Derecho Penal y Derecho Administrativo, suponiendo una muestra más de la apabullante inseguridad jurídica que el sistema normativo penal y administrativo-sancio-

---

242   DÍEZ ESPINOSA, J. R, y MARTÍN DE LA GUARDIA. M. R; *op. cit,* pp. 65-81.

243   VORMBAUM, T; *Historia Moderna del Derecho Penal Alemán,* Valencia, 2018, pp. 378 y ss.

244   *Ibíd,* pp. 386-389.

nador en la Alemania del Este destila en todas sus características definitorias. Todas estas faltas, exclusivamente dolosas, se reducen a: 1) Allanamiento de morada, 2) Injuria y Difamación, 3) Menoscabo de la Propiedad Socialista, y 5) Menoscabo de la Propiedad Personal[245].

De especial importancia para comprender *qué es* y *cómo funciona* realmente el Derecho Administrativo sancionador de la dictadura del SED son las Infracciones del Orden, reguladas (tanto en sus principios jurídico-materiales como en su Derecho Procesal) en la Ley para la lucha contra las infracciones del orden (*Gesetz zur Bekämpfung von Ordnungswidrigkeiten* o *OWG*) de 12 de enero de 1968, junto con el Reglamento sobre infracciones del orden (*Verordnung über Ordnungswidrigkeiten*) de 16 de mayo de 1968. Este último es sustituido el 22 de marzo de 1984 por el Reglamento para la lucha contra las infracciones del orden (*Verordnung zur Bekämpfung von Ordnungswidrigkeiten* o *OWVO*). Estas infracciones se concretan en: Infracciones del Orden Estatal, Infracciones del Orden y la Seguridad Públicas, e Infracciones de medidas de dirección económica[246]. Dado que la RDA es una Estado centralizado, que deja muy poco espacio para que otras unidades sub-estatales puedan dictar disposiciones normativas algunas, la competencia para elaborar esta clase de normas queda atribuida de manera exclusiva a los órganos estatales. Así, dentro de este esquema competencial se hallan, por un lado, las Leyes, que provienen de la *Volkskammer* o Cámara Popular, y los Reglamentos, por otro. Estos últimos se subdividen en Decretos (dictados por el Consejo de Estado), Órdenes (que emanan del Consejo Nacional de Defensa), y Reglamentos *stricto sensu* y Resoluciones (que provienen del Consejo de Ministros, con intervención del Ministro de Justicia. Con todo, ello no excluye la creación de otras disposiciones relativas a las Infracciones del Orden que se sitúan al margen de la *OWG,*

---

245   PÉREZ-ESPEJO MARTÍNEZ, S; *op. cit,* pp. 109-114.

246   *Ibíd,* pp. 118-119.

las cuales, como es obvio, también generan obligaciones jurídicas materializadas en deberes para los ciudadanos[247].

En cuanto a la competencia para perseguir estas infracciones y, por lo tanto, para reprimir dichos comportamientos, esta se atribuye en gran medida a la *Deutsche Volkspolizei* (DVP) o Policía Popular, pues no sólo tiene capacidad para «atajar» los hechos que considere que casan con lo tipificado para dichas infracciones, sino que la *OWG* se la reconoce también para incoar procedimientos penales. Se distingue, además, entre la Potestad Penal de orden para dictar una medida penal en la materia y la Potestad para la incoación de un Procedimiento Penal de orden, en una regulación farragosa y dispersa, caracterizada por la generación de la ya aludida inseguridad jurídica, la celeridad procedimental y la asunción formal (que no real) del Principio de Legalidad. Lo que no debe llevar a confusión: se trata de una normativa extremadamente autoritaria que dota a los órganos competentes y a la policía de una amplia discrecionalidad, violándose en la práctica dicho principio, así como el de Tipicidad. Por lo demás, es apreciable la influencia de la Teoría Normativa de la Culpabilidad asumida en los ordenamientos jurídico-penales liberales, tal y como se extrae de la exigencia de dicha *culpabilidad* en las definiciones que de las infracciones en cuestión se realizan en la *OWG*. De ello se extraen una serie de características definitorias principales, las cuales implican una vaga distinción entre el Error de Tipo y el Error de Prohibición, la apertura a la cabida de la Inimputabilidad, el empleo del Derecho Civil como supletorio en materia de legítima defensa, el Estado de Necesidad como Causa de Justificación en casos de autoayuda, la apreciación de la *actio libera in causa* para los casos de embriaguez, así como la ausencia de responsabilidad de las personas jurídicas[248].

Aunque durante los años setenta tiene lugar una progresiva aceptación del Derecho Administrativo, el Derecho Administra-

---

247   *Ibíd,* pp. 121-122.
248   *Ibíd,* pp. 122-130.

tivo Sancionador nunca llega a despegarse, a separarse, del Derecho Penal. Es por ello que en la RDA no llega existir nunca una Jurisdicción Contencioso-Administrativa. Si acaso, se promulga la Ley de Competencia y Procedimiento de los Tribunales para la Revisión de las Decisiones Administrativas, de 14 de diciembre de 1988. Que, además, entra en vigor el 1 de julio de 1989, poco antes de la desaparición de la RDA como Estado el 3 de octubre de 1990[249]. Lo cual la hace completamente inoperante en la práctica. De manera que el Procedimiento Penal de Orden, que es a través del cual se encauza judicialmente el Derecho Administrativo Sancionador en la RDA, sigue estando regulado en la *OWG*. Consagrándose un procedimiento caracterizado por la fuerza que le imprime la competencia para la incoación del mismo y el pronunciamiento penal sobre la materia al órgano decisorio en cuestión, así como por su celeridad, puesto que el procedimiento debe concluir en un mes. Asimismo, aunque se prohíbe formalmente el empleo de medidas coactivas a la hora de conducirlo, en la práctica las amplias competencias atribuidas a su vez a la *DVP* de cara al «mantenimiento del orden» eclipsan cualquier sujeción legal. Por no hablar ya de la capacidad para actuar supra-legalmente que tiene la *Stasi*. Por ello resulta hasta cierto punto irrisorio el que se prevea legalmente el control judicial sobre las decisiones tomadas por los órganos administrativos[250].

En cualquier caso, el Derecho Administrativo Sancionador en la RDA distingue entre la imposición de Medidas Penales y Medidas Educativas; pudiendo consistir las primeras fundamentalmente en la retirada o la limitación de permisos o autorizaciones, comiso de objetos, trabajos en beneficio de la comunidad, restablecimiento de la situación jurídica atacada, ejecución subsidiaria o apercibimiento de pago; mientras que las segundas contemplan principalmente forzar el arrepentimiento del sujeto ante el colectivo afectado, el fomento de un comportamiento «acorde» con

---

249 MAURER, H; *op. cit,* p. 25.
250 PÉREZ-ESPEJO MARTÍNEZ, S; *op. cit,* pp. 147-172.

la legalidad socialista, la censura, la confirmación de los deberes asumidos con el colectivo vecinal, laboral o cualquier otro de cara a la re-educación del sujeto, entre otras. Con todo, es claro que en la RDA no operan los principios judiciales que sí nutren el Derecho Procesal en la RFA, así como que, pese a una pretendida observancia del Principio de Legalidad, la naturaleza *fáctica* del Ordenamiento Jurídico en Alemania del Este también se hace presente en la actuación del Juez. Ejemplo paradigmático de este fenómeno lo constituye la Sentencia del Tribunal Supremo de la RDA, de 15 de marzo de 1978, por medio de la cual, en violación flagrante de su propia legalidad vigente, se introduce en el fallo directamente una nueva pena para el sujeto encausado (a saber, la retirada ilimitada del permiso de conducir). Ello se hace al margen por completo del marco legal que recoge la pena a imponer por este tipo de infracción del orden y sin base legal de ninguna clase. Lo que en modo alguno puede resultar sorpresivo en un sistema jurídico-político en el que, como se ha visto, la policía política goza de un poder absoluto y omnímodo al margen de los tribunales ordinarios y con capacidad para incoar sus propios procesos, dictar sus propias sentencias y ejecutarlas por sí misma[251].

Esto es algo que se pone de manifiesto, más aún si cabe, al atender a los parámetros del Derecho Administrativo Sancionador en la RFA. De acuerdo con lo antedicho, durante la Posguerra se produce una *iusnaturalización* del Derecho Penal, introduciéndose una nueva Reforma en el año 1954 influida por una Política Criminal diferente a la seguida durante el Tercer Reich, consistente ahora en un recorte del Derecho Penal estatal, a la vez que el conservadurismo se impone a la hora de tratar materias como la sexualidad o el aborto. Ello no es óbice para que se renuncie al fin retributivo de la Pena en favor de un nuevo sistema de sanciones enfocado hacia la Prevención Especial. Entre los fines de este nuevo Derecho Penal se incluyen la asunción del Principio del Bien Jurídico, la Resocialización, la corrección

---

251   *Ibíd*, pp. 134-145.

del delincuente a la vez que se «intimida» a quienes poseen una *inclinación* hacia el Delito. Pero, por encima de todo, está la protección de los derechos del individuo, especialmente de sus derechos fundamentales justificados *iusnaturalmente,* frente a las amenazas a que estos puedan verse expuestos.[252] Si durante el Nacionalsocialismo se había sustituido el *Bien Jurídico* tal y como era entendido por la ciencia jurídico-penal en pos de una abstracta *infracción del deber para con la Comunidad,* durante los años 50 y 60 resurge de nuevo, imponiéndose la protección del Bien Jurídico como brújula para la Política Criminal. En consecuencia, el legislador, al reconocer en la «opinión pública» la necesidad de actuar para proteger dichos bienes, así como sabedor de la necesidad de legitimación social del nuevo sistema tras la etapa nacionalsocialista, se orienta hacia la *consecuencia* de la Pena, como un instrumento de afirmación del Derecho Penal democrático[253].

Se abre, pues, camino en la RFA, la superación de un Derecho Penal de corte moralizante y conservador a la vez que se fijan en la Prevención Especial Positiva y en la Resocialización los nuevos horizontes hacia lo que caminar, enmarcados dentro de una *funcionalización creciente* que estructura del nuevo -tras la atomización durante la etapa nacionalsocialista- Proceso Penal, destacándose una característica esencial de la Teoría Penal: el Derecho no ha de intimidar sólo a los que albergan una tendencia a la comisión de actos delictivos, sino que, por el contrario, debe dirigirse al conjunto del sistema jurídico, al conjunto de la sociedad, reforzando los mandatos legales y las prohibiciones consiguientes[254].

---

252   HASSEMER, W; *La ciencia jurídico penal en la República Federal Alemana* en *Anuario de derecho penal y ciencias penales, Tomo 46, Nº1,* 1993, pp. 39-55.

253   HASSEMER, W; *Derecho penal y filosofía del derecho en la República Federal de Alemania* en *Doxa: Cuadernos de Filosofía del Derecho, Nº8,* 1990, pp. 180-184.

254   HASSEMER, W; *La ciencia jurídico penal en la República Federal Alemana* en *Anuario de derecho penal y ciencias penales, Tomo 46, Nº1,* 1993, pp. 59-76.

Pues, bien, las líneas maestras del Derecho Penal se inyectan al Derecho Administrativo Sancionador en la RFA, claro está dentro de una nueva visión del Derecho Político —entiéndase, Constitucional— y del Derecho Administrativo en general. ¿Y cuáles son los principios de este nuevo Derecho Administrativo? Tres: 1) Principio de Protección de la Confianza, 2) Principio de Estado de Derecho, y 3) Principio de Seguridad Jurídica. Los cuales derivan directamente de lo previsto en la Ley Fundamental de Bonn, para la que no existen esferas sociales, espacios si se quiere, fuera del rango de acción del Derecho. Algo que sí sucedía tanto durante el Nacionalsocialismo como durante la etapa del Derecho Liberal de la primera mitad del siglo XX. Esto quiere decir que la Administración se sitúa de manera autónoma dentro de la arquitectura jurídica diseñada por el texto constitucional de Alemania Occidental. Ello no significa que se superponga a lo previsto por la legislación ordinaria y —como sucede tanto en el Tercer Reich como en la RDA— sea dada a las *vías de hecho*, sino que se halla sometida al Parlamento y su actuación es controlada por el Poder Judicial[255].

Es más, la protección de los derechos del individuo sobre la acción del Estado es unos de los aspectos irrenunciables que dota, a su vez, de coherencia a todo el sistema administrativo, garantizado de igual manera por la estabilidad de los órganos estatales[256]. Se edifica por tanto un Derecho Administrativo en el que, partiendo del reconocimiento de los Derechos Subjetivos, la Administración Pública se obliga a sí misma a tener en consideración estos derechos en el desarrollo de su actividad, protegiéndose los derechos de la personalidad especialmente, junto con el catálogo de Derechos Fundamentales que se recogen en la Carta Magna. Esto es especialmente relevante en lo que refiere al Procedimiento Administrativo, cuya regulación legal no pierde de

---

255   MAURER, H; *op. cit,* pp. 22-24.

256   HARTWIG, M; *op. cit,* pp. 10-17.

vista este punto[257]. En el Decreto del Tribunal Administrativo de 1960, que desarrolla dicha regulación, dispone la posibilidad de interponer una demanda en el caso de que se pueda acreditar por parte del ciudadano particular la vulneración de un derecho por la Administración Pública, no desconociéndose el Principio del Derecho Público Subjetivo, que implica que dichas demandas sólo pueden interponerse en el caso de que los derechos subjetivos del individuo se hayan visto lesionados o menoscabados por el quehacer administrativo. Lógicamente, esto constituye toda una novedad, revelándose como un hándicap la carencia de formación en la materia por parte de los jueces, espacio que ha de ser rellenado por los técnicos administrativos que sí la poseen y que son, más que ningún otro, los encargados de establecer los límites en el control judicial a la actividad de la Administración Pública[258].

Con estos mimbres, las legislación administrativo-sancionadora en la República Federal de Alemania está constituida por los siguientes cuerpos normativos principalmente: la Ley de 26 de junio de 1949, que simplifica el Derecho Penal Económico; la Ley de 25 de marzo de 1952, dedicada las Infracciones del Orden y que traslada al Código Penal la distinción entre las infracciones penales y las administrativas; la Ley de 9 de julio de 1954, que excluye los delitos relativos a la Economía Planificada; y la más importante, la Ley general sobre ilícitos administrativos, de 24 de mayo de 1968 (*Gesetz über Ordnungswidrigkeiten* o *OWIG*). La *OWIG* sufre a su vez dos grandes modificaciones en 1975 y 1987, no contemplando en un primer momento la ruptura del ligamen entre delitos e infracciones, debiendo operarse para que esto tenga lugar la Reforma del Código Penal del año 1974[259]. Así, en este cuerpo legal se introduce un Proceso Sancionador

---

257   MAURER, H; *op. cit, ibíd.*

258   HARTWIG, M; *op. cit,* pp. 17-25.

259   RODRÍGUEZ SÁNCHEZ, C. Mª; *Hacia una teoría general de la potestad sancionadora: soluciones en el derecho alemán* en *Gabilex, Nº 7,* 2016, pp. 217-219.

que asume los principios del Proceso Penal, aplica sus reglas y determina el control por los Tribunales Penales de la actividad sancionadora de la Administración[260]. De la misma manera, los Principios que rigen tanto la *OWIG* como el Código Penal Alemán (*Strafgesetzbuch* o *StGB*) son compartidos[261], con un especial énfasis en dos: el Principio de Legalidad y el Principio de Culpabilidad, enfocándose por lo demás sobre las sanciones de naturaleza pecuniaria ante conductas preferentemente consumadas, lo cual no es óbice para la sanción de la Omisión y de la Comisión por Omisión, así como de la Tentativa[262]. Este Procedimiento Sancionador contempla dos fases bien diferenciadas; 1) la Fase Sumarial, en la que es la Administración la que asume el rol instructor y acusatorio, y 2) el Acuerdo Sancionador, que toma la forma de acto administrativo. Es importante destacar que se reserva al Juez la implementación de las medidas coactivas sobre los afectados y/o los testigos que se nieguen a acudir a las citaciones[263].

Cabe concluir pues, en lo que al Derecho Administrativo Sancionador en la RFA supone, que el sistema sancionador que se impone tras la desaparición del Tercer Reich es deudor directo de la *despenalización* y de la *despolicialización* que tiene lugar en el período de Posguerra precisamente como reacción respecto a la etapa nacionalsocialista. Pues es durante la dictadura de Hitler que emergen sanciones administrativas emanadas de la «legislación especial» y ajenas completamente a un sistema sancionador ordenado, racional y mínimamente garantista, lo que se exacerba durante la guerra. No sólo eso, sino que extrajudicialmente también se imponen sanciones por *vías de hecho* que no están contempladas en instrumento normativo alguno o que, de estarlo, no se efectúan sujetas a un proceso sancionador determi-

---

260 *Ibíd,* pp. 229-231.

261 PÉREZ-ESPEJO MARTÍNEZ, S; *op. cit,* pp. 46-47.

262 RODRÍGUEZ SÁNCHEZ, C. Mª; *op. cit,* pp. 220-232.

263 PÉREZ-ESPEJO MARTÍNEZ, S; *op. cit,* pp. 75-92.

nado, determinable y susceptible de ser «atacado» por el presunto infractor. Por lo tanto, es esta *reacción contra el Tercer Reich* la que nutre el «íter despenalizador» que guía la elaboración del sistema de sanciones en la República Federal, así como su Procedimiento Sancionador y el control del mismo por los Tribunales de Justicia[264] .

Como se puede comprobar, pese a las ocasionales semejanzas formales que puedan llegar a existir, el Derecho Penal y Administrativo Sancionador en la RDA y en la RFA se configura de manera diametralmente opuesta. Y lo hace así porque las bases de las que parte —especialmente los principios filosóficos y jurídico-penales— también lo son. Ambos sistemas políticos y jurídicos pretenden «reaccionar» contra el Nacionalsocialismo, pero la realidad es que, mientras que en la República Federal esta reacción parte de la incorporación a su ordenamiento jurídico de elementos inequívocamente ligados al Estado de Derecho, junto con el rescate de aquellos aspectos liberalizantes y garantistas de su propia tradición jurídica, en la RDA dicha reacción es tan sólo propagandística, puesto que no sólo no se erige un ordenamiento jurídico basado en unos presupuestos totalmente opuestos a los imperantes durante el Tercer Reich, sino que, por el contrario, se teje un Derecho —y especialmente un Derecho Penal y Administrativo Sancionador— notoriamente semejante al que medró durante el régimen de Hitler.

Ya fuere porque se mantuvieron aspectos de la legislación nacionalsocialista que se consideraron válidos o porque, derogada esta, se introdujeran después otros muy parecidos y enfocados a conseguir un resultado similar. Mientras la República Federal de Alemania es un Estado de Derecho (aunque, lógicamente, con todos los defectos inherentes a ello), la República Democrática Alemana es un Estado Totalitario moldeado a imagen y semejanza de la Unión Soviética. Es por ello que su Derecho Penal y Administrativo Sancionador no busca generar unas garantías para

---

264   RODRÍGUEZ SÁNCHEZ, C. Mª; *op. cit,* pp. 204-205, y 215.

el libre desenvolvimiento del individuo en la sociedad, actuando cuando los intereses públicos sean vean amenazados (que es una de las funciones esenciales del Derecho Penal y del Derecho Administrativo Sancionador en los Estados democráticos), sino que, tal y como prescribe la cosmovisión marxista, su papel principal no es otro que *castigar y sancionar* a los individuos para destruir a los enemigos del Socialismo mientras este está en su etapa de construcción. Puesto que una vez finalizada esta y alcanzada la sociedad Comunista, ni el Derecho ni el Estado como entidades y realidades políticas existirán (lo que no quiere decir que no lo hagan como agentes meramente reguladores y organizadores del cuerpo social).

Es por ello que cabe definir el Derecho Penal y Administrativo Sancionador en la RDA como *Totalitario*. Puesto que su propósito es eliminar a los individuos o categorías de individuos que se perciben como *efectivamente hostiles, potencialmente hostiles* o que, aun no siéndolo, deben ser aniquilados por imperativo ideológico e histórico, cono señalaron vez tras vez Marx, Engels, Lenin y otros pensadores marxistas. A través de este Derecho, que es un mero recubrimiento formal de auténticas *vías de hecho*, se persigue igualmente crear al *Individuo Total*, al *Homo Soviéticus*, cuyas líneas maestras han sido caracterizadas más arriba. Entiende Sergio Pérez-Espejo Martínez que del análisis del sistema de Derecho Penal y Administrativo Sancionador (destacando de manera predilecta la eliminación de la Pena de Muerte) se percibe una (muy lenta, eso sí) creciente liberalización del sistema conducente hacia su democratización efectiva[265].

No podemos compartir desde aquí este análisis. Puesto que obvia un hecho de suma importancia: el Totalitarismo no retrocede ni se desvanece tras la muerte de Stalin en 1953, tan sólo adopta otros medios para imponer su dominio y materializar su visión del mundo. Que los regímenes comunistas de Europa del Este, desde la URSS a la RDA, renunciaran a las ejecuciones

---

265   PÉREZ-ESPEJO MARTÍNEZ, S; *op. cit,* pp. 167-168 y 175-176.

masivas o a los campos de concentración a gran escala no significa en modo alguno que su vocación totalitaria dejara de existir; antes bien, como los sucesos de 1956 y 1968 reflejan con paladina claridad, la fuerza en su forma más extrema podía volver a emplearse con resultados dramáticos cuando el Poder de la élite gobernante se hallaba en peligro. El Estado de Derecho sigue brillando por su ausencia y las leyes formales continúan empleándose como un instrumento de *ingeniería social* a la vez que constituye un instrumento eficaz para conservar e incluso expandir dicho poder. Lo que sucede más bien es que el Totalitarismo *se adapta* a las circunstancias, en un contexto histórico y social que difícilmente iba a tolerar matanzas en masa y masacres llamativas que supusieran un grave perjuicio propagandístico para unos regímenes progresivamente más preocupados por su imagen y por cosechar su legitimidad entre la población, a sabiendas perfectamente de que no la tienen[266]. Sus propios inquisidores consideran que el sistema de control total de la RDA va «perfeccionándose» con el tiempo, renunciando a métodos llamativos e indiscretos y afinándose optando por otros más anónimos pero más útiles para conseguir el resultado previsto[267].

En fechas tan tardías como 1983, el Comité Central del SED publica unas *tesis* coincidiendo con el centenario de la muerte de Marx en las que se expresa que *«los partidos marxista-leninistas de la comunidad socialista de Estados han de configurar la sociedad socialista desarrollada como un proceso a largo plazo en la evolución de la formación de la sociedad comunista»*[268], lo que cae en terreno abonado por el mismo Honecker en su informe presentado en el IX Congreso del Partido (celebrado en mayo de 1976) a su Comité Central: *«El poder político es lo primero de todo. Sin el poder, la clase trabajadora, con sus aliados, no hubie-*

---

266   DÍEZ ESPINOSA, J. R, y MARTÍN DE LA GUARDIA. M. R; *op. cit,* pp. 204-206.

267   FUNDER, A; *op. cit,* pp. 24-28.

268   HILLERS DE LUQUE, S; *op. cit,* p. 543.

ra podido transferir los medios de producción decisivos a la propiedad popular. No hubiera podido crear las bases del socialismo. Para poder realizar su tarea fundamental en favor de todo el pueblo, necesita asegurarse el poder.»[269]. Y, confirmando lo anterior, en el Informe del X Congreso del SED, que tiene lugar en abril de 1981, se dispone: *«El Estado socialista encarna al poder político de la clase trabajadora, de la clase campesina y de los demás trabajadores unidos con el proletariado. Es la garantía también de que en la década de los años 80 se alcanzarán los grandes objetivos que se han fijado en nuestro Partido en interés y para el bien del pueblo trabajador... el poder del Estado socialista bajo la dirección del partido marxista-leninista es la base y condición necesaria para continuar marchando por el camino del éxito. Esa es, y sigue siendo la cuestión fundamental de la revolución socialista»* [270].

No existe, por tanto, intención liberalizadora o democratizadora alguna por parte de la dictadura del SED. Más bien al revés. Pues sabido es que la élite dirigente de la RDA, gerontocrática e instalada sólidamente en sus posiciones de poder, reacciona con hostilidad a los vientos de cambio provenientes de la URSS de Gorbachov, atrincherándose cada vez más en sus posiciones hasta que estas resultan, al fin y a postre, insostenibles. Incluso en 1989 afirma todavía Honecker que el Muro de Berlín durará «mil años». Es el debilitamiento del control que Moscú ejerce sobre sus satélites en Europa del Este lo que acaba haciendo emerger una soterrada oposición ante la que las autoridades políticas germano-orientales se ven impotentes para reaccionar[271]. Si la democracia y el Estado de Derecho llegan a Alemania del Este con su unificación —mejor decir «absorción» por la RFA— no es a resultas de una liberalización controlada desarrollada por el SED en sus largos años de estancia el Poder, sino a costa de él,

---

269   *Ibíd,* pp. 543-544.

270   *Ibíd,* p. 544. Para los congresos del SED, véase la información recogida en: http://alemaniasocialista. blogspot. com/2013/12/congresos-del-partido-socialista. html

271   DÍEZ ESPINOSA, J. R, y MARTÍN DE LA GUARDIA. M. R; *op. cit,* p. 281.

como queda patente tras la destitución de Honecker por los suyos el 17 de octubre de 1989, tomándole el relevo un nuevo grupo dirigente que nada podrá hacer por detener la descomposición acelerada de la RDA[272].

Hechas estas consideraciones, es importante no perder de vista lo siguiente: más encarcelamientos, más masacres y más asesinatos en masa no significan que una ideología o un sistema político —por no hablar de un ordenamiento jurídico— sea *más totalitario* que otro. Incluso cuando ello constituye un indicio nada desdeñable para determinar tal naturaleza o el «grado» de totalitarismo o autoritarismo de un régimen. Este aspecto se pone de manifiesto cuando se efectúan las comparaciones pertinentes entre la RDA y al Tercer Reich. Indudablemente, la escala de muerte y destrucción sembrada por la Alemania de Hitler fue comparativamente mucho mayor, tanto cuantitativa como cualitativamente, a la ocasionada por la Alemania del Este. Su policía política, la *Gestapo*, operó de una manera mucho más violenta en términos físicos que la *Stasi*. Los Campos de Extermino y el Holocausto ofrecen poca comparación con los miles de muertos ocasionados por la dictadura del SED o con el levantamiento del Muro (no obstante, aunque en unidades de medida diferentes, dicha comparación es necesaria hacerla). Pero, a pesar de lo que pudiera parecer a simple vista, la Alemania Nacionalsocialista no era un Estado Totalitario y la RDA sí. La dictadura de Hilter, al ser personalista y estar basada en una ideología que, aunque colectivista, contiene unos aspectos vitalistas, voluntaristas e irracionalistas innegables que derivan en una *espontaneidad anti-burocrática* opuesta al materialismo filosófico marxista y a la racionalidad estatalista de una burocracia total y ordenada, no puede llegar a ser nunca totalitaria. Funciona, por el contrario, y como ya se ha expuesto, como una *Policracia Neofeudal* en la que las distintas instancias de Poder compiten entre sí por ocupar un lugar predilecto bajo el poder absoluto del líder. Así,

---

272 MARTÍN DE LA GUARDIA. M. R; *op. cit,* pp. 81-113.

la incapacidad del Tercer Reich para organizarse racionalmente y el acelerado colapso en el que le sume la competencia suicida entre las diferentes administraciones y grupos, impide que pueda desarrollar un control absoluto y total sobre la población que está bajo su gobierno. La violencia y la muerte lo hacen más *sanguinario* pero no más *totalitario*[273].

Así, destaca acertadamente Payne que *«el concepto de 'totalitarismo' es tan válido como útil si se define en el sentido preciso y literal de sistema estatal que trata de ejercer un control completo sobre todos los aspectos importantes de todas las grandes instituciones nacionales, desde la economía y las fuerzas armadas hasta el sistema judicial, las iglesias y la cultura. Ya se ha visto que el régimen de Mussolini no era en absoluto totalitario, y el sistema de Hitler tampoco alcanzó el pleno totalitarismo, aunque en su última fase se fue acercando más a él. En este caso, Hannah Arendt, por lo menos, está de acuerdo, al observar que el pleno totalitarismo nazi, equivalente al modelo soviético, no se podría haber desarrollado hasta después de la victoria en la guerra, dada la inversión por Hitler de las prioridades revolucionarias de Lenin y Stalin»*[274]. Si los comunistas soviéticos había optado por desarrollar primero la *revolución total* dentro de sus propias fronteras antes de exportarla al exterior, Hitler invierte este esquema y condiciona la *revolución total* interior a la expansión exterior. En verano de 1942 reconocía que su control estatal, aunque grande, no era completo y que *«tampoco después de la guerra podremos renunciar a la dirección estatal de la economía, pues de otro modo todo grupo privado pensaría exclusivamente en la satisfacción de sus propias aspiraciones. Puesto que incluso en la gran masa del pueblo todo individuo obedece a objetivos egoístas, una actividad ordenada y sistemática de la economía nacional no es posible sin la dirección*

---

273   PAYNE, S. G; *El Fascismo*, Madrid, 2014, pp. 117-126.
274   *Ibíd*, pp. 125-126.

del Estado.»[275] Los mismos planificadores alemanes al servicio del Tercer Reich se expresaron en esta dirección. Sin ir más lejos, Herbert Backe, responsable de la planificación civil y experto en alimentos para Herman Göring dentro del Plan Cuatrienal, no dudó en afirmar al participar en la elaboración de la planificación económica en el territorio conquistado a la URSS tras la invasión de 1941 que ellos *«hubieran tenido que introducir la granja colectiva si los soviéticos no la hubieran puesto ya en marcha»*[276]. En efecto, Hitler previó su revolución económico-agraria *por medio* del conflicto militar, en concreto, después de la guerra contra la Unión Soviética y el control de sus vastos territorios en el Este. Todo ello en pos de convertir a Alemania en *«el estado más autárquico del mundo»*[277]. En palabras de Timothy Snyer; *«El socialismo en un solo país sería reemplazado por el socialismo para la raza alemana. Tales eran los planes»*[278].

En realidad, tal y como había expresado en *Mein Kampf,* la visión que Hitler tiene del Estado es utilitarista, alejada del racionalismo burocrático colectivista que desarrollaron los estadistas marxistas, aunque igualmente instrumental de cara a implementar su visión del mundo: *«El Estado es un medio para un fin. Su finalidad consiste en la conservación y en el progreso de una colectividad bajo el punto de vista físico y espiritual»*[279]. De esta manera, y como se viene exponiendo, el estilo de *liderazgo carismático* de Hitler, caprichoso, desorganizado y diletante, impidió que el Tercer Reich funcionara como una Administración Pública y disciplinadora del cuerpo social. Ilustrativa, cuanto menos, es la definición del Estado Nacionalsocialista que proporciona Franz Neumann: *«Un no Estado, un caos, una situación*

---

275   Cit. en PELLICANI,L *op. cit,* p. 139.

276   SNYDER, T; *op. cit,* p. 201.

277   *Ibíd,* p. 197.

278   *Ibíd,* p. 203.

279   HITLER, A; *Mi Lucha,* Madrid, 2016, p. 239.

sin ley, el desorden y la anarquía [280]. El Tercer Reich no funcionó nunca con un sistema de Gobierno formal, como si lo hizo la RDA. Más bien se «instituyó» de alguna manera como una autentico laberinto burocrático en el que proliferaron las autoridades plenipotenciarias emanadas directamente del *Führer* y que laminaron progresivamente toda legalidad formal, así como todo sistema competencial mínimamente organizado, en lo que Robert Koelh ha dado en presentar como *«más un Estado neofeudal que totalitario»*[281]. Es imperativo tener en cuenta que los nacionalsocialistas no eliminaron la Administración existente de manera previa en el sistema republicano de Weimar, sino que la mantuvieran y, a la vez, crearon otra propia y diferente que convivió paralelamente con la anterior, lo que generó frecuentes conflictos competenciales endémicos e irresolubles.[282] Tanto es así que, después de febrero de 1938, el Gabinete de Gobierno no volvió a reunirse jamás, llegando el propio dictador a prohibir a sus ministros durante la guerra reunirse mínimamente siquiera para tomar una cerveza[283]. Como consecuencia, dicho órgano se «atrofió» hasta morir, confirmando la voluntad absoluta del líder pero, a la misma vez, la incapacidad del sistema para materializar todas sus aspiraciones de control sobre la población al carecer de una maquinaria estatal bien engrasada y coordinada que lo permitiera, lo que abrió la puerta a la lucha darwinista entre administraciones, líderes ambiciosos deseosos de encontrar un hueco bajo el sol y otros portadores de Poder, como el NSDAP, las SS o el Ejército[284].

Esto fue algo que el propio Hitler promovió y acentuó. Muestra de lo cual es el saboteo sistemático al que sometió las iniciativas del Ministro del Interior Wilhelm Frick para armar una

---

280   Cit. en LOZANO, A; *La Alemania Nazi (1933-1945)*, Madrid, 2011, p. 132.

281   *Ibíd.*

282   *Ibíd,* p. 133.

283   KERSHAW, I; *op. cit,* p. 439.

284   *Ibíd,* pp. 435 y ss.

Administración coherente en Alemania, así como las Goebbels para resucitar el Gobierno formal durante la guerra. La nula intención del dictador de permitir que cualquier reglamentación jurídica pusiera cotos a su autoridad se vio apoyada por el resto de sátrapas nacionalsocialistas, que no estaban dispuestos a que su autoridad autocrática (dentro de la policracia que era el Tercer Reich) se viera amenazada por la implementación de un sistema administrativo racional, organizado y con las competencias de órganos y organismos correctamente tasadas y normativizadas. Con lo cual, quienes sí deseaban dotar al Reich de una estructura digna de tal nombre acabaron asumiendo que el sistema era irreformable y que dependía exclusivamente de la «voluntad total» de Hitler.[285] Así, destaca Álvaro Lozano: *«Se ha definido al Estado nazi como una guerra de todos contra todos que enaltecía la posición de Hitler como fuente de toda autoridad. Ribbentrop, ministro de Asuntos Exteriores, odiaba a Goering, el jefe de la Luftwaffe. Éste desconfiaba del arquitecto Speer, quien temía a Himmler, el jefe de las SS, quien, a su vez, odiaba al jefe del partido, Bormann, quien odiaba al ministro de Propaganda, Goebbels, quien odiaba a Ribbentrop en un círculo vicioso sin fin»*[286]. Hitler se mantuvo celoso siempre de que ninguno de los principales portadores de Poder (el NSDAP, las SS, los *Gauleiter* o Gobernadores del Reich, el Ejército y —en menor medida— el Mundo Empresarial, que aún no había sido eliminado) tuviera una clara hegemonía sobre los demás, de manera que la importancia de uno u otro no fue estática dentro de un modelo administrativo cerrado, sino *acuosa* o *magmática*, fluida en definitiva, en función de la voluntad caprichos del líder absoluto. El Estado por lo tanto se fragmentó en pedazos, instancias y grupos de poder *«que se mantenían unidos externamente sólo por el Derecho administrativo»*[287]. Y, aun así, el Derecho Administrativo es sólo un apéndice precariamente formal, pues son los *vínculos de vasa-*

---

285   *Ibíd,* pp. 962-967.

286   LOZANO, A; *La Alemania Nazi (1933-1945)*, Madrid, 2011, p. 95.

287   HÜTTENBERGER, P; *op. cit,* p. 174.

llaje los que mantienen unido realmente al Tercer Reich, no una burocracia formal al servicio de un Partido único, como sucede en los Estados comunistas y, muy especialmente, en la RDA. De esta forma, el aparente poder monolítico de la dictadura nacionalsocialista escondía en realidad la interdependencia de cada actor entre sí y respecto a Hitler. El Tercer Reich, en este sentido, no es un Estado Totalitario en tanto que el Partido no cuenta con una posición de poder omnímoda capaz de controlar todo el Estado y de imponer su voluntad al conjunto de la población de cara crear el *Nuevo Hombre*. En la Alemania Nacionalsocialista el Partido es un actor más que compite con otros, dentro de un sistema semi-pluralista en el que la variedad de actores es patente y notoria, gozando cada cual de una identidad propia y de una ideología determinada, diferente entre sí, Y, aunque todo ello que encontrara bajo la voluntad *absolutizante* del *Führer*, dicha voluntad no podía por sí misma controlar todos los aspectos del complejo funcionamiento de un «Estado Fragmentado» y en continua lucha intestina[288].

Un buen resumen de lo que es el Estado Nacionalsocialista lo proporciona, de nuevo, Lozano: *«Lejos de ser un sistema rígido y cerrado —como sí es la RDA—, el Estado nazi aparece, así, como un sistema relativamente abierto, a veces anárquico, en evolución permanente y una de sus características fue la existencia de fuertes rivalidades entre las diversas fuentes de poder. La función de Hitler, lejos de ser el dictador todopoderoso tantas veces descrito, era la de garantizar la cohesión del sistema. Su voluntad personal era un factor menos determinante de lo que hacía creer el 'mito del Führer', elaborado por una propaganda eficaz y omnipresente. Este mito tenía como objetivo movilizar las energías, integrar a los diferentes estratos sociales y legitimar un régimen cuyos mecanismos internos escapaban en parte a sus dirigentes. Esta visión choca frontalmente con la imagen ideada por la propaganda nazi en la que se describía a Hitler como un dictador poderoso que con-*

---

288   *Ibíd,* pp. 189-190.

trolaba cada rincón de la sociedad alemana»[289]. Lo que no quiere decir que el *Führer* no pudiera imponer su voluntad. Al revés, su figura y sus divisiones se convirtieron en el centro de gravedad del Tercer Reich hasta el punto de que el devenir completo de Alemania estuvo totalmente en sus manos. Por mucho que los diferentes grupos compitieran entre sí por las diferentes parcelas de Poder, siempre lo hicieron bajo el imperio de su líder. Así, *«Hitler evitó adrede un sistema totalitario completamente centralizado, pero las limitadas autonomías que permitió en el sistema estatal alemán —fuera adrede, por descuido o por necesidad— apenas si limitaron sus extraordinarios poderes de dictadura política personal para aplicar sus propias prioridades revolucionarias»*[290].

En puridad, los únicos sistemas auténticamente totalitarios han sido los comunistas, en tanto que *«un sistema socialista o comunista es el único que puede lograr el pleno totalitarismo, pues el control total requiere una revolución institucional total, que no se puede efectuar sino mediante el socialismo de Estado»* y, tal y como debe entenderse, *«el totalitarismo ha de ser socialista, y el nacionalsocialismo, con su enfoque mixto, nunca hubiera podido establecer el modelo completo, aunque lo hubiera deseado, antes de 1945»*[291]. Para entender esto es necesario recordar que la visión revolucionaria del mundo y de la sociedad futura del Marxismo contempla a un individuo despersonalizado y disuelto en la colectividad. Esta es la base, la esencia del Totalitarismo. Los regímenes comunistas, al basarse en el poder absoluto de una organización, el Partido único, que impone un colectivismo burocrático racionalizado y disciplinado, son congénitamente opuestos a la existencia de otras instancias o grupos de poder extramuros del Partido que puedan competir con él. De esta manera, en la RDA —como en la URSS y en el resto de países del Bloque Socia-

---

289   LOZANO, A; *La Alemania Nazi (1933-1945)*, Madrid, 2011, p. 133.
290   PAYNE, S. G; *op. cit*, p. 126.
291   *Ibíd.*

lista— no existe una pluralidad de portadores de Poder, como sí los hay en las dictaduras de Hitler y Mussolini, o en la de Franco. No hay en la RDA, al contrario que en el Tercer Reich, una lucha *policrática* y bizantina entre grupos y administraciones por el Poder, sino que sólo existe un Poder, el del SED, que no lo comparte con ningún otro actor porque sencillamente no existen. Esto le permite al Partido en la RDA gozar de un control sobre la población con el que ni siquiera pudieron soñar los nacionalsocialistas. Y es, desde esta óptica, que la Alemania de Hitler no fue totalitaria —o completamente totalitaria, fuera ésta su intención o no— mientras que la RDA sí, al contar con un aparato burocrático y una Administración bien diseñada que, al albur de una policía política domesticada y metódica, consiguió penetrar en la esfera personal de los alemanes y asegurar con ello su control mucho más de lo que ningún aparato estatal lo hubiera hecho antes. A ello hay que añadir el sistema de Economía Planificada que, por su misma definición, sujeta toda actividad de esta índole a la reglamentación del Estado, yugulando la operatividad de agentes comerciales, económicos o jurídicos independientes. En los sistemas en los que sí existe, de manera total o parcial, un mercado más o menos libre, por fuerza tienen cabida dentro de aquél agentes que no están sometidos completamente al Estado, por lo que por muy represores u homicidas que puedan llegar a ser, nunca podrán gozar de un control total sobre todo y sobre todos —aunque lo pretendan— como efectivamente sí sucede en las dictaduras comunistas[292].

---

292   *Íbid*, pp. 238-265.

4. Derecho Penal Totalitario frente a Derecho Penal del Enemigo

A lo largo de los apartados precedentes se han ido delimitando los contornos y las características de lo que es un Derecho Penal Totalitario, cuyos principios y elementos se trasladan a un Derecho Administrativo Sancionador Totalitario. Llegados a este punto, es pertinente confrontar este modelo con las normas de Derecho Penal del Enemigo que alberga —al menos durante un tiempo— el Ordenamiento Jurídico de la República Federal de Alemania. Como ya argumentamos en *El Estado del Führer. Derecho Penal nacionalsocialista alemán,* el Derecho Penal del Enemigo constituye algo sustancialmente diferente del Derecho Penal Totalitario o del Derecho Penal Autoritario, que es el desarrollado en las dictaduras de uno u otro signo. También lo es del Derecho Penal Nacionalsocialista, el cual, por su fuerte singularidad, no puede ser ubicado dentro de ninguna categoría, habiendo de asumir necesariamente su carácter *sui géneris*[293]. Si se entiende —como hay que entender— el Derecho Penal del Enemigo como un *fenómeno* que se produce en y como un *instrumento* que utiliza el Estado de Derecho para tratar a un tipo especial de delincuente que alberga un plus de peligrosidad para el conjunto de la sociedad, adelantando la barrera de punibilidad con el objetivo de poder sancionar también penalmente los actos preparatorios, no cabe identificarlo en modo alguno con el Derecho Penal Totalitario que se exhibe en la RDA, para la cual al Derecho Penal constituye un medio anti-garantista. Lo que difiere notablemente, sin ir más lejos, de los Delitos de Peligro Abstracto que se hallan plenamente integrados en las regulaciones penales de las democracias desarrolladas, los cuales constituyen una expresión del fenómeno del Derecho Penal del Enemigo e incluyen, entre sus características más prominentes, la consumación anticipada y el debilitamiento de la Tentativa como entidad

---

293   GEA CONGOSTO, P; *op. cit,* pp. 54-60.

separada de la realización de los hechos recogidos dentro de la conducta típica[294].

El delincuente al que van dirigidas las normas de Derecho Penal del Enemigo es aquel que, por lo general, ha decidido apartarse de los elementos básicos que disciplinan el desarrollo básico de una sociedad civilizada organizada en dos ejes clave: la Libertad del individuo y el Estado de Derecho. Un exponente especialmente dañino y mortífero de este tipo de delincuente es el Terrorista, que por medio de la violencia y el asesinato pretende destruir los cimientos de la sociedad en la que opera, generando un clima de miedo en el conjunto de la población que coadyuve a la materialización de sus propósitos[295]. Ante esta realidad, tal y como señala Günter Jakobs, analista especialmente atento del fenómeno —a la vez que teórico— del Derecho Penal del Enemigo, el Estado de Derecho se ve en la tesitura de reservar para este delincuente un tratamiento penal forzosamente distinto del que dispone para el ciudadano corriente. De esta manera, el Derecho Penal del Enemigo imprime un trato diferente al sujeto que, por medio de la exteriorización de una conducta o de una serie de ellas, pone de manifiesto una *peligrosidad* para el conjunto de la sociedad democrático y de la Democracia Parlamentaria. Es decir, que se ha convertido en *enemigo* y no es *ciudadano*. Debe, no obstante, entenderse tal distinción puramente en el plano teórico, pues las normas de Derecho Penal del Enemigo no pueden separarse en ningún momento de los elementos definitorios del Estado de Derecho ni de las garantías jurídicas ni judiciales previstas en la ley, así como tampoco de los Derechos Fundamentales recogidos en la Constitución. En caso contrario no se estaría ante un Derecho Penal del Enemigo (que es un instrumento de

---

294   POLAINO ORTS, M; *Derecho penal del enemigo: fundamentos, potencial de sentido y límites de vigencia,* Barcelona, 2009, pp. 537-540.

295   *Ibíd.*

las democracias) sino ante un Derecho Penal Totalitario o Autoritario (que es un instrumento de las dictaduras)[296].

La necesidad de diferenciar conceptualmente el Derecho Penal del Enemigo del Derecho Penal del Ciudadano estriba en el alejamiento del riesgo de que uno acabe *contaminando* al otro[297]. Porque, aunque ambos están insertos dentro del Estado de Derecho, se dirigen a perfiles criminales diferentes para los cuales emplea una *forma* de sancionar también diferente. Al *Ciudadano* se le aplica un tipo de Derecho Penal en tanto que proporciona una *seguridad cognitiva* al desarrollar un comportamiento que, aunque delictivo, no pretende destruir el orden de cosas existente. En cambio, al *Enemigo* se le aplica otro tipo de Derecho Penal al no proporcionar dicha *seguridad cognitiva* desarrollando un comportamiento que sí persigue eliminar o, cuanto menos, atacar dicho orden; en este caso, el orden democrático, las libertades y la seguridad del *Ciudadano*[298]. Por tanto, entiende Jakobs que *«el Derecho penal conoce dos polos o tendencias de sus regulaciones. Por un lado, el trato con el ciudadano, en el que se espera hasta que éste exterioriza su hecho para reaccionar, con el fin de confirmar la estructura normativa de la sociedad, y por otro, el trato con el enemigo, que es interceptado muy pronto en el estadio previo y al que se le combate por su peligrosidad. Un ejemplo del primer tipo lo puede constituir el trato dado a un homicida, quien si actúa en autoría individual sólo comienza a ser punible cuando se dispone inmediatamente a realizar el tipo (arts. 22, 21 StGB), un ejemplo del segundo tipo puede ser el trato dado al cabecilla u hombre de atrás (con independencia de qué es lo que eso sea) de una asociación terrorista, al que alcanza una pena sólo levemente más reducida que la que corresponde al autor de una tentativa de homicidio ya cuando funda la asociación o lleva a cabo actividades dentro de*

---

296   JAKOBS, G; *Derecho penal del ciudadano y Derecho penal del enemigo* en Jakobs, G. y Cancio Meliá, M; *Derecho penal del enemigo*, Madrid, 2003, pp. 42-43.

297   GEA CONGOSTO, P; *op. cit,* p. 57.

298   JAKOBS, G; *op. cit,* pp. 47-48.

ésta (art. 129 a StGB), es decir, eventualmente años antes de un hecho previsto con mayor o menor vaguedad. Materialmente cabe pensar que se trata de una custodia de seguridad anticipada que se denomina «pena»» [299].

Pues bien, los casos de Derecho Penal del Enemigo no los encontramos en la RDA (exponente especialmente contundente del Derecho Penal Totalitario) ni en la Alemania Nacionalsocialista (cuyo Derecho Penal constituye en sí mismo una categoría aparte), sino en la RFA. En efecto, es en la República Federal de Alemania donde, al albur de la lucha contra el Terrorismo, se introducen en el Código Penal normas de Derecho Penal del Enemigo. Ello dentro de la noción de *Democracia Combativa* o *Estado de Derecho Defensivo* concebida por Alemania Occidental para evitar caer en la mortal pasividad de la República de Weimar en la lucha contra los extremistas de uno u otro signo que la combatieron hasta acabar con ella[300]. El pistoletazo de salida lo tiene el aumento, particularmente durante los años sesenta y setenta, de la popularidad de las formaciones extremistas como el Partido Nacionaldemócrata Alemán o *Nationaldemokratische Partei Deutschlands* (NPD), cercano a los planteamientos nacionalsocialistas y que entre noviembre de 1966 y abril de 1968 cosecha importantes éxitos electorales en los comicios regionales (si bien efímeros); o el Partido Comunista Alemán o *Deutsche Kommunistische Partei* (DKP), que recoge el testigo del KPD occidental, ilegalizado por el Tribunal Constitucional Federal en 1956 y que cuenta, nos obstante, con un apoyo electoral concentrado especialmente entre los años 1969 y 1972[301].

Con el propósito de combatir a estos grupos, que se entienden como situados *fuera* de la Democracia y de la Constitución —es decir, como *enemigos*— en enero de 1972 entra en vigor el *decreto contra los extremistas*, bajo el Gobierno del socialdemó-

---

299   *Ibíd,* pp. 42-43.

300   LLOBET RODRÍGUEZ, J; *op. cit*, p. 427.

301   DÍEZ ESPINOSA, J. R, y MARTÍN DE LA GUARDIA. M. R; *op. cit*, p. 165.

crata Willy Brandt. En virtud del mismo, se impide el acceso al funcionariado de las personas adscritas a dichos grupos —en especial al DKP— aunque estos fueran partidos políticos legalizados y operantes en el sistema parlamentario. Igualmente, se abre la puerta a la depuración de los funcionarios ya incorporados a la Administración Pública de los que se pudiera comprobar dicha adscripción. Por medio de la implementación de «encuestas de lealtad» a la Ley Fundamental, se determina la afiliación u orientación ideológica de los funcionarios, llegándose a abrir unos 800.000 expedientes que concluyen con cientos de expulsiones del cuerpo funcionarial, lo que incluye esferas como la Justicia y la Enseñanza. En tanto que el Estado goza del monopolio de la contratación pública en cuanto a su personal refiere, la determinación de un profesional como *adversario ideológico* de la Constitución conlleva como *sanción* administrativa (y, en la práctica, puramente disciplinaria) su «extirpación quirúrgica» de la estructura administrativa del propio Estado[302].

Con todo, la vertiente más dura del Derecho Penal del Enemigo se pone de manifiesto en la lucha contra el Terrorismo, particularmente contra las *Baader-Meinhof* o Fracción del Ejército Rojo (*Rote Armee Fraktion* o RAF), un grupo terrorista de ideología comunista cuyo espacio temporal operativo se sitúa desde finales de los años sesenta hasta 1998 y que goza de la protección de la *Stasi*[303]. Hay que precisar antes de nada que el legislador germano-occidental renuncia a perseguir este tipo de criminalidad por medio de una legislación situada fuera del Ordenamiento Jurídico ordinario, como sucede en el Reino Unido a la hora de combatir al IRA, sino que, pese su carácter especial, todas las normas de Derecho Penal del Enemigo se sitúan *dentro* del Estado de Derecho y *nunca* fuera de él. En el año 1974 se aprueba la Ley de 20 de diciembre o *Ley Baader-Meinhof,* que modifica el Derecho Procesal-Penal facilitando el desarrollo del

302   *Ibíd,* pp. 165-166.

303   AMBOS, K y MEYER-ABICH, N; *op. cit,* p. 11.

Juicio Oral para causas abiertas por Terrorismo, la cual se verá pronto reforzada por la Reforma del Código Penal de 22 de abril de 1976 que, entre otras cosas, introduce nuevos tipos delictivos relativos a los delitos de opinión[304].

Este tipo de normas no nacen de manera espontánea y se alojan como una anomalía dentro del Ordenamiento Jurídico de la Alemania Federal, sino que encuentran su precedente más cercano, cuando no su origen directo, en la concepción *fuerte* que existe del Estado en la RFA, lo que tiene como consecuencia directa el surgimiento de un Derecho Penal «protector» del Estado Democrático que, en el contexto de la Guerra Fría, permite la condena de miles de comunistas o personas adscritas a esta ideología. De esta manera durante los años cincuenta se asiste a una agudización del Derecho Penal que halla su contraste en la liberalización del Derecho Penal Político que se engarza en un clima de liberalización jurídica concentrado en los años 60 y 70 que se ve sustituido durante la segunda mitad de esta década y durante los años 80 por un endurecimiento legislativo motivado por la necesidad de combatir el fenómeno terrorista[305].

En contra lo que lo que pudiera parecer, a la Alemania Federal no le tiembla el pulso a la hora de emplear los medios más duros dentro del Estado de Derecho para acabar con el terrorismo a la vez que rechaza frontalmente el pasado nacionalsocialista. La sombra del Tercer Reich no iba a impedir a las nuevas autoridades democráticas tomar las medidas necesarias para preservar la democracia de quienes tuvieran el objetivo de destruirla. Las bases se sientan con las leyes de excepción planteadas en 1966 por los gobiernos demócrata-cristianos de Ludwig Erhard y Kurt Georg Kiesinger. Estas leyes de excepción se prevén en el marco de la Guerra Fría para el caso de un conflicto armado con el blo-

---

304   CANO PAÑOS, M. A; *Los inicios de la lucha antiterrorista en Alemania. Análisis de la legislación penal y procesal en las décadas de 1970-1980* en *Revista Electrónica de Ciencia Penal y Criminología. Nº 10,* 2008, pp. 4-5.

305   VORMBAUM, T; *Historia Moderna del Derecho Penal Alemán,* Valencia, 2018, pp. 370-386.

que oriental y, en esta circunstancia, atajar la invasión extranjera o la desestabilización por parte de grupos internos. Esta legislación cristaliza el 29 de mayo de 1967, fruto de un pacto de estado entre conservadores y socialdemócratas, con medidas tales como la eliminación de la inviolabilidad de las comunicaciones telefónicas y postales, así como la prolongación de los arrestos por hasta cuatro días sin precisar de orden judicial alguna[306]. A esto le siguen, el 18 y el 24 de junio de 1968, dos reformas de la Ley Fundamental de Bonn que facultan a las autoridades para limitar los derechos en caso de amenazas directas para el sistema democrático, dentro de las cuales se contempla desde luego el terrorismo. Este marco es el que posibilita la posterior aprobación de la legislación que materializa el Derecho Penal del Enemigo[307].

Y es que el principal instrumento legislativo en la implementación del Derecho Penal del Enemigo en la RFA es la Ley Antiterrorista de 18 de agosto de 1976, por medio de la cual se introduce el concepto de «Terrorismo» en el Ordenamiento Jurídico, así como el artículo 129 del Código Penal. Dentro de este precepto se aloja un tipo cualificado, el 129 a), que, buscando la protección del bien jurídico «Seguridad interna/Paz pública», está enfocado a las organizaciones terroristas. Se las concibe como especialmente peligrosas en tanto que están diseñadas para perseguir fines que atentan contra el Estado de Derecho y la seguridad de las personas, por medio de la comisión de actos delictivos de una envergadura extremadamente grave[308]. Esta es la razón por la que este tipo penal es reforzado durante los años setenta y ochenta, ampliando la barrera de punibilidad hacia los actos preparatorios. Además, se asimila la información de los medios a la «amenaza terrorista», facilitando así un marco procesal-penal que permita medidas encaminadas a la vigilancia e intervención

---

306   BOLINAGA, I; *La guerra del miedo. historia del terrorismo de izquierdas en Europa,* Córdoba, 2022, pp. 45-48.

307   *Ibíd,* p. 103.

308   CANO PAÑOS, M. A; *op. cit,* pp. 8-9.

de las comunicaciones[309]. Es patente, como se puede constatar, el ligamen entre el artículo 129 y las medidas de carácter policial (y, con ello, también procesales) que se dirigen de manera exclusiva contra el presunto delincuente terrorista. Estas medidas afectan igualmente al Derecho de Defensa, lo que conlleva un menoscabo en la capacidad de acción del Abogado Defensor, por cuanto se regula su exclusión, así como la celebración del juicio en ausencia del acusado, o la intervención de las comunicaciones entre este y aquél cuando se halla en prisión[310].

La exclusión del abogado defensor se concreta cuando existen sospechas determinadas respecto a la colaboración de éste con el acusado por terrorismo, fijándose además un número máximo, tras el cambio legislativo de 1974, de tres abogados de cara a evitar casos de «defensa múltiple» y la existencia, por tanto, es una estrategia global entre los abogados de los diferentes imputados perecientes a la RAF. Por lo demás, se limita el derecho declarar del acusado durante la celebración del juicio, así como la actuación de la Defensa. Pudiendo ser condenado, como se ha señalado, el imputado sin estar presente en la vista oral. Se establece también la Prisión Preventiva para el sospechoso por delito de terrorismo sin necesidad de acreditar los motivos previstos para ello (a saber, reincidencia, peligro de fuga o entorpecimiento de la investigación). Y, dentro de este conjunto de medidas, se dispone la incomunicación del acusado, así como la interrupción de las visitas y contactos. Todo ello introducido por la Ley de Reforma de la Ley de Introductoria de la Ley de Organización de los Tribunales, de 30 de septiembre de 1977, reforma que fue considerada acorde con la Constitución por el Tribunal Constitucional Federal en agosto de 1978[311]. Los motivos detrás de estas normas, además de la obvia lucha contra la delincuencia terrorista, se localizan en la necesidad por parte tanto del Estado

309   VORMBAUM, T; *Historia Moderna del Derecho Penal Alemán,* Valencia, 2018, p. 388.

310   CANO PAÑOS, M. A; *op. cit,* p. 11.

311   *Ibíd,* pp. 14-22.

como de los Tribunales de Justicia de evitar a toda costa la manipulación de las leyes y los derechos por parte de los terroristas y de una hábil Defensa, entendiendo por lo demás que dichas normas operan en este contexto como un *instrumento más* en la lucha del Estado de Derecho contra el Terrorismo encarnado por la RAF[312].

Sin ir más lejos, durante el proceso judicial que llevó a la condena de los primeros líderes del grupo terrorista, Andreas Baader, Gudrun Ensslin, Jan-Carl Raspe y Ulrike Meinhof, esta legislación permite que el tribunal sortee con éxito las tácticas judiciales empleadas por los abogados defensores, alguno de los cuales eran también miembros de la banda terrorista y estaba involucrados en sus actos criminales. En otro interesante paralelismo con el nacionalsocialismo, estos abogados se basan en las mismas estrategias legales que ya emplearan los letrados que representaron a los militantes nazis durante los años veinte y treinta. En palabras del Dr. D. Southern, experto en la historia legal alemana, los abogados nacionalsocialistas *«buscaban con verdadero entusiasmo un gran final que diera una grandiosa justificación a sus profundas motivaciones y autorizara su falta de escrúpulos considerándola simplemente como una elección de medios. Para ellos, el sistema legal era la expresión institucional de una sociedad represiva. Al tiempo que rechazaban esa sociedad, utilizaban sus procedimientos y sus valores como armas para la lucha armada encaminada a derribarla... Es impresionante el parecido de esa vieja escuela de abogados radicales alemanes con la nueva»*[313]. El parecido de estos nuevos comunistas, nacidos en el seno del Tercer Reich pero criados en la República Federal, con los antiguos nazis es algo palpable para quienes sufren sus acciones. Así, cuando el 27 de junio de 1976 un avión que cubre la ruta Tel Aviv-París es secuestrado por la RAF, supervivientes de los

---

312   *Ibíd,* pp. 13-14.

313   Becker, J; *Los hijos de Hitler: historia de la banda terrorista Baader-Meinhof,* Barcelona, 1979, pp. 307-.22.

campos nazis que se encuentran entre los rehenes se ven de repente separados y clasificados a causa de ser judíos por alemanes que —como sus padres y abuelos en los campos de exterminio— les golpean y les ordenan moverse rápidamente al grito de «*Schnell*.». Lo que obliga a uno de estos antiguos prisioneros judíos a encararse con uno de los secuestradores para hacerle saber que el movimiento nacionalsocialista pervivía en ellos, por mucho que afirmaran pelear por la revolución marxista mundial[314].

Otros instrumentos con los que cuenta la República Federal de Alemania en este *combate* son la Oficina Federal de Investigación Criminal o *Bundeskriminalamt* (BKA) y la Oficina Federal para la Protección de la Constitución o *Bundesamt für Verfassungsschutz* (BfV). Esta última una agencia de inteligencia de carácter policial, dedicada a la neutralización de amenazas (ya provengan de personas, grupos u organizaciones) contra el sistema democrático alemán[315]. A las que se les dota de una capacidad mucho más amplia para poder desarrollar legalmente la lucha antiterrorista, lo que incluye facultades como la posibilidad de efectuar registros domiciliarios sin necesidad de autorización judicial ni de acreditar la existencia de sospecha alguna, la instalación de puestos de control y la posibilidad de retención de personas (sospechosas o no) durante un período no superior a doce horas. A esto se le añade, en materia procesal, la creación de una *Jurisdicción Especial* que atribuya la competencia para la investigación de los delitos de terrorismo a la Fiscalía General en coordinación con la BKA, que centraliza competencialmente las investigaciones policiales en materia de delitos políticos[316]. Es patente también la instrucción de un catálogo de nuevos delitos en el Código penal, tales como el Favorecimiento anticonstitucional de hechos delictivos, la Instrucción para delinquir, Amenazar con la comisión de delitos, o la Recompensa y aprobación

---

314   *Ibíd,* pp. 14-16.

315   DÍEZ ESPINOSA, J. R, y MARTÍN DE LA GUARDIA. M. R; *op. cit,* p. 166.

316   CANO PAÑOS, M. A; *op. cit,* pp. 22-24.

de delitos[317]. El mismo camino sigue, por lo demás, la Ley de Lucha contra el Terrorismo de 19 de diciembre de 1986 que, entre otras cosas, eleva las Faltas a Delito y aumenta la capacidad para perseguir los delitos de terrorismo por parte de la Fiscalía General y de los Tribunales Superiores de Justicia[318]. Y, en el marco puramente policial, este impulso culmina con la creación del *GSG 9 der Bundespolizei*, una unidad especial para combatir el terrorismo desarrollada a raíz de la Masacre de Múnich en los Juegos Olímpicos de 1972 cometida por la organización terrorista palestina *Septiembre Negro*, que asesinó a once rehenes atletas pertenecientes al equipo olímpico de Israel[319].

De lo visto hasta ahora se concluye que la lucha contra el Terrorismo de la RAF por parte de la RFA se lleva a cabo por medio de normas de Derecho Penal del Enemigo, tanto en lo que supone al Derecho Penal Material como al Derecho Administrativo Sancionador y al Derecho Procesal-Penal. Pese a la dureza de las mismas, sirvieron de manera inequívoca para el propósito para el cual fueron concebidas. Muestra de lo cual es la desaparición definitiva de las *Baader-Meinhof* en 1998. En tanto que dichas normas implican un aumento de las penas, el adelantamiento de la barrera de punibilidad hacia los actos preparatorios y una restricción de los derechos procesales de los imputados (en pos de evitar el aprovechamiento artificioso de los derechos que la Democracia les reconoce para utilizarlos contra ella), cabe ubicarlas dentro del concepto de Derecho Penal del Enemigo tal y como lo entienden Jakobs y Polaino Orts. Pues estos sujetos, los terroristas, son tratados por el sistema legal germano-occidental no como *ciudadanos* sino como *enemigos*, claro está en los términos en que se ha expuesto con anterioridad. Si los primeros, en materia penal, desarrollan comportamientos que se alejan de lo previsto en la norma, los segundos suponen una fuente de pe-

---

317   *Ibíd,* p. 6.

318   *Ibíd,* pp. 24-27.

319   BOLINAGA, I; *op. cit,* p. 107.

ligro muy real para el Estado Derecho, que debe dotarse de las armas necesarias para eliminar dicha amenaza y garantizar así su supervivencia[320].

En su estudio sobre el Derecho Penal Nacionalsocialista, Javier Llobet Rodríguez considera el Derecho Penal del Enemigo como *«una concepción autoritaria del Derecho»* que *«lleva en definitiva a que, con la complicidad o tolerancia de las autoridades, se llegue a reacciones de hecho, tal y como ocurrió con las torturas de la cárcel de Abu Ghraib o con la justificación de interrogatorios 'fuertes' a los enemigos, sin ninguna base legal para ello y en contra de los instrumentos internacionales de Derecho Humanos y del Derecho Internacional Humanitario»*[321]. Demuestra aquí su autor su escasa o nula comprensión de lo que entienden Jakobs y los juristas que siguen su huella por Derecho Penal del Enemigo. Como ya se ha dicho, este tipo de Derecho Penal distingue entre *Ciudadanos* y *Enemigos* sólo en el plano teórico de la conceptualización penal, pero de ningún modo considera al *Enemigo* como una categoría aparte que debe ser eliminada toda cosa (físicamente o por otros medios) al margen del Estado de Derecho. Es, por contra, la existencia del Estado de Derecho la *conditio sine qua non* para la existencia del Derecho Penal del Enemigo, dado que de lo contrario de lo que se está hablando es de un Derecho Penal Totalitario como el que existe en la RDA y en el resto de Estados Comunistas. En el Derecho Penal Totalitario las garantías del individuo no es que se transgredan, es que directamente no existen o, si lo hacen, es tan sólo en la medida en que ello no suponga un obstáculo para los proyectos de ingeniería social del Partido único.

Las vías de hecho que conducen a la tortura en las cárceles, a los abusos o hasta el asesinato se sitúan fuera del Derecho Penal del Enemigo para insertarse directamente dentro de la categoría de Derecho Penal Totalitario o de Derecho Penal Autoritario.

---

320   *Ibíd*, p. 29.

321   LLOBET RODRÍGUEZ, J; *op. cit*, p. 428.

En cuyo caso un Estado de Derecho que se precie de serlo deberá actuar con celeridad para eliminar estas normas de su Ordenamiento Jurídico y atajar como es debido los comportamientos que traen como consecuencia. Esta es la conclusión principal que tiene que extraerse de la comparación entre el Derecho Penal Totalitario de la RDA y las normas de Derecho Penal del Enemigo para combatir el Terrorismo o a los grupos extremistas de la RFA. Basadas en unos presupuestos y en unos principios diametralmente opuestos. El que, en ese mismo estudio, Llobet Rodríguez afirme que es *«discutible si la actuación arbitraria de hecho podría incluso ser catalogada por el mismo Günter Jakobs como un Derecho Penal del enemigo legítimo, ya que en su concepción del mismo en principio parte de que supone una serie de reglas que se apartan del Derecho Penal del ciudadano y no propiamente de situaciones que se basan en reacciones de hecho, realizadas o toleradas por las autoridades judiciales, pero no sujetas a regla alguna»* respalda este último comentario y evidencia claramente su confusión extrema a la hora de construir su juicio analítico en esta materia[322]. Máxime cuando el mismo Jakobs razona que *«en todo el mundo existe un orden mínimo jurídicamente vinculante en el sentido de que no deben tolerarse las vulneraciones de derechos humanos elementales, con independencia de dónde ocurran, y que, por el contrario, ha de reaccionarse frente a tales vulneraciones mediante una intervención y una pena»* [323], a lo que anuda (entre otras) dos conclusiones claras[324]:

- «En el Derecho penal del ciudadano, la función manifiesta de la pena es la contradicción, en el Derecho penal del enemigo la eliminación de un peligro. Los correspondientes tipos ideales prácticamente nunca aparecerán en una configuración pura. Ambos tipos pueden ser legítimos.»

---

322   *Ibíd,* p. 29.

323   JAKOBS, G; *op. cit,* p. 51.

324   *Ibíd,* pp. 55-56.

- «Un Derecho penal del enemigo claramente delimitado es menos peligroso, desde la perspectiva del Estado de Derecho, que entremezclar todo el Derecho penal con fragmentos de regulaciones propias del Derecho penal del enemigo.»

En vista de lo cual carece de sentido afirmar que el Derecho Penal del Enemigo constituye un absceso en el cuerpo de la Democracia que la conduce peligrosamente a la introducción de normas jurídicas más características de dictaduras de que sistemas basados en las garantías individuales de las personas. En tanto que la Constitución y la ley permitan que el Derecho Penal del Enemigo pueda ser una respuesta legítima a los desafíos que se perfilen en el horizonte, y este no vaya más allá de los límites previstos por aquellas, no cabe *homologar* su contenido con el de otros ordenamientos que no sólo es que no contemplen las garantías jurídicas de los sujetos sino que van dirigidos en mayor o menor media a eliminarlas con el propósito de someter a la población o de deshacerse de grupos «molestos» o incompatibles con su visión del mundo, sin sujetarse a nada que sea parecido a lo que comúnmente se entiende por Estado de Derecho. Tanto es así que, de nuevo Llobet Rodríguez, expresa —contradictoriamente con lo afirmado en las páginas anteriores de su estudio— que *«la distinción entre Derecho Penal del ciudadano y Derecho Penal del enemigo, formulada por Günter Jakobs no debe considerarse aplicable al régimen nazi. No existió en el Derecho nazi ningún Derecho Penal del ciudadano en el sentido indicado por Günter Jakobs. En efecto no hubo en el régimen nacionalsocialista ningún derecho que pudiera ser conforme a un Estado de Derecho, que pudiéramos catalogar como Derecho Penal del ciudadano, para contraponerlo con el Derecho Penal del enemigo. Todo el Derecho Penal del nacionalsocialismo deber* (sic) *ser considerado como contrario a los principios del Estado de Derecho y con ello era propiamente un Derecho Penal contra los enemigos»* [325].

---

325   LLOBET RODRÍGUEZ, J; *op. cit*, p. 435.

En cualquier caso, la distinción establecida entre el Derecho Penal del Enemigo y el Derecho Penal Nacionalsocialista es igualmente aplicable al Derecho Penal Totalitario de la RDA (y, por extensión, a los demás derechos penales de esta matriz existentes en el resto de los ordenamientos jurídicos de los países comunistas). Pues en la RDA tanto el Derecho Penal como el Derecho Administrativo Sancionador son previstos desde el mismo momento en que se originan para imponer la dictadura del SED, mantenerla en el Poder, someter a la población y eliminar de la sociedad socialista a los «enemigos del pueblo», a la «burguesía» y a las demás «clases reaccionarias». Esta idea se mantiene inalterada durante toda su existencia de manera impenitente, más allá de los diferentes grados de intensidad con que se manifieste. Y, al igual que sucede con el Tercer Reich, es la desaparición como Estado y como sistema jurídico-político de la República Democrática Alemana el único motivo que provoca la eliminación de este Derecho-No Derecho. Por contra, el Derecho Penal y Administrativo Sancionador de la República Federal no ha variado sus bases correspondientes al Estado de Derecho como consecuencia de la incorporación de principios y normas de Derecho Penal del Enemigo, sino que, al revés, se ha fortalecido como tal. Gozando a día de hoy de una salud plena que le permite ser utilizado como modelo y guía para otros sistemas democráticos del entorno europeo y del mundo, entre ellos España.

IV

CONCLUSIONES

La ideología marxista ha sido y es uno de los cuerpos teóricos más influyentes de toda la historia de la Humanidad. No sólo como sueño metafísico o utopía inspiradora de masas. Sino también como sistema político y jurídico que ha llegado a gobernar sobre la vida de millones de personas. Su fuerza ha radicado en el intento fracaso al fin y a la postre de crear un nuevo tipo de ser humano. Un ser humano *total* inseparable del colectivo. Un nuevo tipo de persona que renuncie a sus intereses individuales, a su egoísmo y se sitúe así *al nivel de la especie*. Para hacer realidad esta visión ni Marx ni Engels, así como tampoco Lenin, Stalin ni el resto de dirigentes comunistas que accedieron al Poder durante el siglo XX, se llevaron a engaño: había que utilizar la violencia, una violencia gran escala. Una violencia además no dirigida sólo contra quienes voluntariamente se opusieran al sistema que los revolucionarios trataron de implantar, sino que, al igual que sucedía en el Nacionalsocialismo, igualmente debía recaer sobre las categorías y grupos necesariamente *contrarrevolucionarios* en pos de su eliminación por *imperativo histórico*. El asesinato en masa y la represión no fueron pues una consecuencia no deseada, un desvío o una perversión de una ideología que trató de hacer algo «bueno» para la humanidad, sino la consecuencia clara de un objetivo perseguido y buscado de forma explícita. Un objetivo cuya ejecución se llevó a cabo a sangre y fuego y que ha costado la vida a millones de inocentes.

De la misma forma que para los nacionalsocialistas los judíos, los gitanos, los eslavos y los «indeseables» no tenían cabida dentro de la *ideocracia* que se hallaba detrás de las alambradas de los campos y de los centros de tortura de la policía política del Tercer Reich, los burgueses, los «pueblos reaccionarios», los capitalistas, los *kulaks,* los ricos, los «desechos étnicos» o los «inútiles» tampoco la tenían en el *paraíso terrenal* que tanto en la Unión Soviética como en la República Democrática Alemana se quiso crear. Montones de fosas comunes se encuentran todavía ahí para atestiguarlo. Y si el fin era despojar al sujeto individualmente considerado de todo lo que le hacía *individuo,* ni el Derecho ni el Estado estaban ahí para garantizarle nada. Más bien para ponerse al servicio de la *idea* y del Partido responsable de hacerla realidad. Por eso, en los sistemas socialistas y comunistas el Derecho Penal y Administrativo Sancionador es visto *sólo como un medio para un fin. Al repudiar todas las características garantistas del sistema legal «burgués», ninguna de las nociones que a día de hoy se entienden asimiladas a lo que consideramos un Estado de Derecho* se inserta dentro de los ordenamientos jurídicos socialistas. Si se mantienen algunas de dichas categorías jurídicas es *de mala gana,* como un mal necesario durante la etapa de transición que es la Dictadura del Proletariado, encarnada por la Dictadura del Partido Comunista, encarnada a su vez por el reducido grupo de máximos dirigentes políticos que tiene al país sometido a su voluntad. Como se ha podido comprobar a lo largo de este estudio, pese al declarado «anti-fascismo» de la RDA, este Estado se parecía a la Alemania Nacionalsocialista mucho más de lo que jamás estuvo dispuesta a reconocer. Así como el Tercer Reich se parecía a la Unión Soviéticas. Y ambos tuvieron poco que envidiar a la Francia Jacobina liderada por Robespierre.

Si bien existen notables diferencias entre la Alemania de Hitler y la de Ulbricht o Honecker, sus respectivos sistemas jurídicos compartieron aspectos similares de manera innegable que, para más inri, implicaron consecuencias parecidas para los ciudadanos sometidos a estas tiranías. Ambos Derecho Penales y Administrativo-sancionadores atacaron con virulencia el Principio de Legalidad, el de Proporcionalidad, el de Culpabilidad, así como la Antijuridicidad Formal. El anti-formalismo es patente en ambas producciones jurídicas, constituyendo simplemente un marco que podía ser utilizado por el Estado y sus dirigentes a conveniencia. Pues ni los órganos represores ni los administrativos ni los judiciales encontraron nunca en la tipificación formal de los tipos penales ni de las sanciones administrativas cortapisa alguna para proceder según se les demandaba desde el poder político de turno. No sólo eso, sino que tampoco se persiguió con el paso de los años establecer ninguna limitación garantista que el ciudadano pudiera usar para tratar de combatir mínimamente los abusos y la arbitrariedad a la que estaba expuesto.

Si bien es cierto que existe una diferencia importante, emanada de la *forma* que adquirieron estos Estados. Mientras que la Alemania Nacionalsocialista, irracionalista y voluntarista, jamás pretendió crear un colectivismo burocrático que pudiera racionalizar una estructura de Estado coherente que limitara de alguna forma, siquiera simbólica, el poder absoluto de su *Führer* Adolf Hitler; la Alemania Comunista, racionalista y materialista, sí se preocupó por desarrollar un sistema burocrático racionalizado y capaz de reproducirse más allá de las personas que encarnaban momentáneamente el Poder. Prueba de lo cual es que el SED pudo mudar «cómodamente» a sus líderes sin ver afectado su dominio sobre la RDA. El Tercer Reich funcionó como una anarquía legal y burocrática en entró en un acelerado proceso de colapso durante la Segunda Guerra Mundial. La RDA, por el contrario, constituyó un ejemplo de cuasi-perfecto de totalitarismo burocrático debidamente implementado y custodiado por unas fuerzas policiales que fueron refinando -que no ablandando- sus métodos de represión. Al final ambos sistemas desparecieron. Y sólo con su desaparición pudo llegar el Estado de Derecho, antes o después. En Alemania Oriental se tuvo que vivir la transición de una dictadura a otra. Y sus habitantes —los que no huyeron o fueron desplazados o asesinados— vivieron casi un siglo (desde 1933 hasta 1990) sometidos a una estructura de poder que no dejaba espacio para las libertades individuales.

El Derecho en la RDA no cumple una función *constructora* sino *destructora*. Es decir, se emplea para construir el Socialismo y el dominio del Partido Totalitario, pero a la vez se dirige a eliminar cualquier vestigio de derechos fundamentales y garantía jurídicas frente a otros particulares y frente al Estado que aún pudieran quedar. EL Derecho Penal y Administrativo Sancionador no se diseña nunca para proteger a sus ciudadanos de nada ni para satisfacerles ninguna necesidad, ni siquiera la de seguridad, fueran cuales fueren sus proclamas propagandísticas. Nunca se crearon canales para que las víctimas de los delitos hicieran valer la protección que el Estado debía de procurarles. En cambio, el Estado del SED sí se afanó en crear todos los dispositivos posibles para *castigar y sancionar* a todos aquellos a quienes consideraba enemigos y opositores. En una entrevista que Anna Funder incluye en su *Stasiland,* una mujer víctima de una agresión sexual sentencia: *«En la RDA la violación era tabú. Era como si no me creyesen. Él, suelto por ahí, y ellos que no me ofrecían ningún tipo de protección».* La autora relata: *«Julia se pasó la noche sola, aterrada, en el piso. No había teléfono. El hombre andaba suelto y sabía dónde encontrarla. Al día siguiente consiguió reunir valor para ir a la comisaría. No recibió apoyo psicológico ni apoyos médicos, tampoco trato compasivo alguno».* Y la víctima sentencia: *«Casi diría que el juicio fue lo peor de todo. Si me volviera a pasar, nunca se me ocurriría denunciarlo. Mataría al hombre»*[326]. Pocos testimonios tan lapidarios como éste para resumir qué fue la RDA.

Quienes se lanzaron al cambio revolucionario creyeron de veras que estaban construyendo un mundo mejor. Por eso llegaron tan lejos. Pero al final, sólo trajeron hambre, dolor, miseria, pobreza y muerte. Cualquier explicación, cualquier justificación que se le quiera dar, jamás podrá borrar este hecho. Y los juristas (teóricos, abogados, jueces, fiscales, cualquiera) que colaboraron con un sistema represor de cualquier conato de espontaneidad y

---

326   FUNDER, A; *op. cit,* pp. 181-182.

de libertad de acción o de criterio, no fueron menos culpables. Ya fuera por convicción ideológica, por miedo, por pasividad o por ambición personal, contribuyeron a perpetuar una maquinaria jurídica y administrativa perversa diseñada para arrebatar a sus conciudadanos lo más valioso que una persona puede poseer: su libertad. Tanto para acertar como para equivocarse. En la RDA esta destrucción sistemática de cualquier espacio de autonomía estuvo representado por la *Stasi,* auténtico poder y brazo ejecutor de la voluntad del SED, que vigiló en masa a la población germanooriental y no tuvo reparo en arruinar cuantas vidas fueran necesarias para mantener viva la utopía socialista. De la misma manera que el Tercer Reich no fue un *Estado de Derecho* sino un *Estado del Führer,* en la República Democrática Alemana jamás existió el *Imperio de la Ley,* sino el *Imperio de la Stasi,* o lo que es lo mismo, el *Imperio del SED.* La Constitución, la ley, las diferentes ramas del Derecho... Todo ello no fue más que un ropaje para camuflar un poder omnímodo y total no sujeto ni a las normas legales ni a las morales.

Para finalizar, es conveniente traer a colación las palabras que Luciano Pellicani nos deja en su imprescindible *Lenin y Hitler. Los dos rostros del totalitarismo.* Certeras. Precisas. Implacables[327]:

«Todo esto nos lleva a concluir que los revolucionarios profesionales han desempeñado un papel totalmente reaccionario. En vez de llevar las sociedades atrasadas hacia la Modernidad o, por lo menos, hacia la economía industrial, las han aprisionado en la 'jaula de acero' del Estado omnipropietario y, por ello mismo, omnipotente. Estos revolucionarios, en su intento por contener la invasión de la cultura occidental, han realizado aquel perfeccionamiento del despotismo oriental, que nos hemos acostumbrado a llamar totalitarismo. El cual ha sido, fundamentalmente, una reacción celote contra Occidente y la moderna civilización de los derechos y las libertades».

---

327   PELLICANI, L; *op. cit,* p. 83.

BIBLIOGRAFÍA Y FUENTES

REFERENCIAS BLIBLIOGRÁFICAS

AGUILAR BLANC, C; «Los orígenes iusnaturalistas de la filosofía jurídica nacionalsocialista en la obra política de Adolf Hitler y Alfred Rosenberg» en *Revista Internacional de Pensamiento Político - I Época - Vol. 8 - 2013 - [187-210] - ISSN 1885-589X*.

AMBOS, K Y MEYER-ABICH, N; «La superación jurídico-penal de las injusticias y actos antijurídicos nacionalsocialistas y realsocialistas en Alemania» en *Revista Penal, n.º 24. — Julio 2009.*

APPLEBAUM, A; *Gulag. historia de los campos de concentración soviéticos,* Barcelona, 2004.

_____ *El Telón de Acero. La destrucción de Europa del Este 1944-1956,* Barcelona, 2017.

BECKER, J; *Los hijos de Hitler. historia de la banda terrorista Baader-Meinhof,* Barcelona, 1979.

BOLINAGA, I; La guerra del miedo. historia del terrorismo de izquierdas en Europa, Córdoba, 2022.

CANO PAÑOS, M. A; «Los inicios de la lucha antiterrorista en Alemania. Análisis de la legislación penal y procesal en las décadas de 1970-1980» en *Revista Electrónica de Ciencia Penal y Criminología. Nº 10,* 2008.

CASTRO, D; *Robespierre. La virtud del monstruo,* Madrid, 2011.

CATTANEO, MARIO A; «Carl Schmitt y Roland Freisler: La doctrina penal del Nacional-Socialismo» en *Homenaje al dr. Marino Barbero Santos: 'in memorian' / coord. por Luis Alberto Arroyo Zapatero, Ignacio Berdugo Gómez de la Torre; Marino Barbero Santos (hom.), Vol. 1, 2001, ISBN 84-8427-139-0, págs. 145-152.*

CHAPOUPOTOT, J; *La revolución cultural nazi,* Madrid, 2018.

DÍEZ ESPINOSA, J.R, Y MARTÍN DE LA GUARDIA. M.R; *historia Contemporánea de Alemania (1945-1995),* Madrid, 2011.

ENGELS, F; *El debate de Frankfurt sobre Polonia* en *Los nacionalismos contra el proletariado,* Barcelona, 2008.

_____ *Hungría y el Paneslavismo* en *Los nacionalismos contra el proletariado,* Barcelona, 2008.

_____ *Nacionalismo, internacionalismo y cuestión polaca* en *Los nacionalismos contra el proletariado,* Barcelona, 2008.

_____ *Paneslavismo democrático* en *Los nacionalismos contra el proletariado,* Barcelona, 2008.

ESTEVE PARDO, J; «La doctrina alemana del Derecho Público durante el régimen nacionalsocialista» en *Revista Española de Derecho Constitucional Año 23. Núm. 67. Enero-Abril 2003.*

FARALDO, J.M; *Las redes del terror. Las policías secretas comunistas y su legado,* Barcelona, 2018.

FELIP I SABORIT, D; *La delimitación del conocimiento de la antijuricidad. Una aportación al estudio del error de prohibición,* Universitat Pompeu Fabra. Departament de Dret, 1997, pp. 248-9. Tesis Doctoral disponible en: https://www.tdx.cat/handle/10803/7315;jsessionid=829E233AED8AE662770042CE6D044517#page=3

FLORIS MARGADANT, G; «Los derechos del hombre en la constitución soviética» en *Veinte años de evolución de los Derechos Humanos,* México, 1947.

FUNDER, A; *Stasiland. historias tras el Muro de Berlín,* Barcelona, 2019.

FULBROOK, M; *historia de Alemania,* Cambridge, 1995.

GARCÍA AMADO, J.A; «Nazismo, Derecho y Filosofía del Derecho» en *Anuario de Filosofía del Derecho VIII (1991) 341-364.*

GARCÍA-PABLOS DE MOLINA, A; reseña a *El nuevo Derecho Penal político de la República Democrática Alemana* de W. Ronsenthal en *Anuario de Derecho Penal y Ciencias Penales*, Madrid, 1977.

GEA CONGOSTO, P; *De la Constitución al Terror,* Málaga, 2022.

_____ *El Estado del Führer. Derecho Penal nacionalsocialista alemán*, Málaga, 2024.

HARRIS, J; *El Gran Miedo. Una nueva interpretación del terror en la revolución rusa,* Barcelona, 2017.

HARTWIG, M; «Pasado, presente y futuro del Derecho Público en Alemania» en *Revista catalana de dret públic, núm. 41,* 2010.

HASSEMER, W; «Derecho penal y filosofía del derecho en la República Federal de Alemania» en *Doxa: Cuadernos de Filosofía del Derecho, N°8,* 1990.

_____ «La ciencia jurídico penal en la República Federal Alemana» en *Anuario de derecho penal y ciencias penales, Tomo 46, N° 1,* 1993.

HERNÁNDEZ, J; «Stasi. El Terror Gris» en *La Aventura de la historia, n° 213,* Madrid, 2018.

HILLERS DE LUQUE, S; *Nazismo y Comunismo*, Madrid, 2016.

HITLER, A; *Mi Lucha,* Madrid, 2016.

HONECKER, E; *Notas de la cárcel,* Marxists Internet Archive, 2009. Disponible en:
https://www.marxists.org/espanol/honecker/1993/notas.htm

HOYER, A; «Ciencia del Derecho penal y nacionalsocialismo» en *Revista Penal, n. º 23. —Enero 2009*.

HÜTTENBERGER, P; *Policracia nacionalsocialista* en J. J. Carreras Ares, ed. *El Estado Alemán (1870-1992)*, Madrid, 1992.

JAKOBS, G; *Derecho penal del ciudadano y Derecho penal del enemigo* en Jakobs, G. y Cancio Meliá, M; *Derecho penal del enemigo*, Madrid, 2003,

KEMPE, F; *Berlín 1961. El lugar más peligroso del mundo,* Barcelona, 2012.

KERSHAW, I; *Hitler. La biografía definitiva,* Barcelona, 2010.

LENIN, V. I; *Dos tácticas de la socialdemocracia en la revolución democrática* en *Obras Escogidas, Tomo 1,* Moscú, 1961.

_____ ¿Qué hacer? en *Obras Escogidas, Tomo 1,* Moscú, 1961.

_____ *Declaración de los Derechos del pueblo Trabajador y Explotado, Tomo 2,* Moscú, 1961.

_____ *El Estado y la revolución* en *Obras Escogidas, Tomo 2,* Moscú, 1961.

_____ *Las tareas inmediatas del poder soviético* en *Obras Escogidas, Tomo 2,* Moscú, 1961.

_____ *Seis tesis acerca de las tareas inmediatas del poder soviético* en *Obras Escogidas, Tomo 2,* Moscú, 1961.

_____ *La revolución proletaria y el renegado Kautsky* en *Obras Escogidas, Tomo 3,* Moscú, 1961.

LLOBET RODRÍGUEZ, J; *Nacionalsocialismo y antigarantismo penal (1933-1945),* Valencia, 2018.

LOWE, K; *Continente salvaje. Europa después de la Segunda Guerra Mundial*, Barcelona, 2015.

LOZANO, A; *La Alemania Nazi (1933-1945)*, Madrid, 2011.

_____ *Stalin, el tirano rojo*, Madrid, 2012.

MARX, K; *Discurso sobre Polonia* en *Los nacionalismos contra el proletariado,* Barcelona, 2008.

-*Páginas malditas. Sobre La cuestión judía y otros textos,* Buenos Aires, 2012.

MARX, K Y ENGELS, F; *Manifiesto del Partido Comunista* en *Obras Escogidas, Tomo 1,* Moscú, 1980.

_____ *De la autoridad* en *Obras escogidas, Tomo 2,* Moscú, 1980.

-*Carta a A. Bebel* en *Obras escogidas, Tomo 3,* Moscú, 1980.

_____ *Crítica al Programa de Gotha* en *Obras Escogidas, Tomo 3,* Moscú, 1980.

MARTÍN DE LA GUARDIA. M.R; *La caída del Muro de Berlín. El final de la Guerra Fría y el auge de un nuevo mundo,* Madrid, 2019.

MATUS ACUNA, J.P; «Nacionalsocialismo y derecho penal. Apuntes sobre el caso de H. Welzel. Un homenaje tardío a Joachim Vogel» en *El derecho penal de la posguerra / Juan Carlos Ferré Olivé (dir.), 2016, ISBN 978-84-9086-751-8, págs. 255-268.*

MAURER, H; *Derecho Administrativo. Parte General,* México, 2021.

MITCHEL, G; *Los túneles. La historia jamás contada de la huida bajo el Muro de Berlín,* Barcelona, 2017.

NÚÑEZ SEIXAS, X.M; *Volver a Stalingrado*, Barcelona, 2022.

PAYNE, S.G; *El Fascismo*, Madrid, 2014.

PELLICANI, L; *Lenin y Hitler. Los dos rostros del totalitarismo,* Madrid, 2011.

PÉREZ-ESPEJO MARTÍNEZ, S; *El Derecho Penal Administrativo en la República Democrática Alemana. Examen histórico-crítico,* Madrid, 1996.

POLAINO ORTS, M; *Derecho penal del enemigo: fundamentos, potencial de sentido y límites de vigencia,* Barcelona, 2009.

PRIESTLAND, D, *Bandera Roja. historia política y cultural del Comunismo,* Barcelona, 2020,

RIVAYA, B; «La revolución jurídica del fascismo alemán» en *Boletín de la Facultad de Derecho, núm. 19, 2002 (Oviedo).*

RODRÍGUEZ SÁNCHEZ, C. Mª; «Hacia una teoría general de la potestad sancionadora: soluciones en el derecho alemán» en *Gabilex, Nº 7,* 2016.

ROJAS, M; *Lenin y el Totalitarismo,* Málaga, 2012.

ROUSSEAU, J.J; *El Contrato Social,* Madrid, 1981.

SANTOS, J.A; «Filosofía del Derecho Penal, positivismo jurídico y eugenesia en la República de Weimar» en Blázquez Ruiz, F.J; *Nazismo, Derecho, Estado*, Madrid, 2014.

SALDAÑA, Q; *La Revolución Rusa. La Constitución rusa de 10 de julio de 1918,* Madrid, 1919.

SEBESTYEN, V; *Lenin. Una biografía,* Barcelona, 2020.

SNYDER, T; *Tierras de sangre. Europa entre Hitler y Stalin,* Barcelona, 2012.

TAIBO, C; *historia de la Unión Soviética. De la revolución bolchevique a Gorbachov,* Madrid, 2018.

URBAN, T; *La matanza de Katyn. historia del mayor crimen soviético de la Segunda Guerra Mundial,* Madrid, 2019.

VALLE, A; *El aliento del lobo*, Madrid, 2024.

VILCHES AGÜERA, S; *Breve historia de la Gestapo,* Madrid, 2016.

VILLORO TORANZO, M; «Principios filosófico-políticos del sistema soviético de derecho» en *Boletín del Instituto de Derecho Comparado de México, 1974, Vol. 17, núm 50.*

VORMBAUM, T; «El Derecho penal nacionalsocialista» en *Revista Penal México. núm. 10, marzo-agosto de 2016.*

_____ *Historia Moderna del Derecho Penal Alemán,* Valencia, 2018.

VV.AA; *El libro negro del Comunismo,* Madrid, 2021.

WEBER, T; *La primera guerra de Hitler,* Madrid, 2012.

_____ *De Adolf a Hitler,* Barcelona, 2018.

ZARAGOZA, L; *Las flores y los tanques. Un regreso a la Primavera de Praga,* Madrid, 2018.

PÁGINAS WEB

Alemania Socialista. http://alemaniasocialista.blogspot.com/

Marxist Internet Archive – Sección en Español. https://www.marxists.org/espanol/index.htm

DOCUMENTALES

COSTELLE, D Y CLARKE, I, dir; *Apocalypse: La Guerre Des Mondes 1945-1991,* Francia, 2019.

GIERKE, C, dir; *Stasi. East Germany´s Secret Police,* Film Europa Production, 2007.

JOKSCH, R, dir; *Mauerjahre - Leben im geteilten Berlin,* Alemania, 2011.

KORN BRZOZA, D, dir; *Après Hitler*, Francia, 2016.

_____ *Hitler»s Last Year*, Francia, 2015.

MÖNCH, M Y LAHL, A, dir; *Comrades & Cash (The Deutschland 86 Documentary),* UFA Fiction, 2018.

MUNTANER, D, dir; *Duels: KGB vs. CIA - Au corps à corps,* Francia, 2016.

SNORE, E, dir; *The Soviet Story*, Letonia, 2008.

WEINERT, C Y AST, J, dir; *Bric by bric. The Making of the Iron Curtain,* Alemania, 2011.